公共图书馆服务及创新实践研究

张秀英◎著

时代文艺出版社
SHIDAI WENYI CHUBANSHE

图书在版编目（CIP）数据

公共图书馆服务及创新实践研究 / 张秀英著. -- 长春：时代文艺出版社, 2024.1
ISBN 978-7-5387-7406-1

Ⅰ.①公… Ⅱ.①张… Ⅲ.①公共图书馆－图书馆服务－研究 Ⅳ.①G258.2

中国国家版本馆CIP数据核字(2024)第074677号

公共图书馆服务及创新实践研究
GONGGONG TUSHUGUAN FUWU JI CHUANGXIN SHIJIAN YANJIU
张秀英　著

出 品 人：吴　刚
责任编辑：李荣崟
装帧设计：文　树
排版制作：隋淑凤

出版发行：时代文艺出版社
地　　址：长春市福祉大路5788号　龙腾国际大厦A座15层　（130118）
电　　话：0431-81629751（总编办）　0431-81629758（发行部）
官方微博：weibo.com/tlapress
开　　本：710mm×1000mm　1/16
字　　数：219千字
印　　张：15.25
印　　刷：廊坊市广阳区九洲印刷厂
版　　次：2024年1月第1版
印　　次：2024年1月第1次印刷
定　　价：76.00元

图书如有印装错误　请寄回印厂调换

前　言

随着信息技术的飞速发展和社会多元化需求的不断增长，公共图书馆作为社会文化服务的基础设施之一，在信息时代承担着重要的文化传承、知识普及和社区服务使命。为满足读者需求的多样化，公共图书馆须不断革新自身服务模式，适应信息社会的快速变化。为了确保公共图书馆能够持续地满足社会和读者的需求，提供更加优质、多样化的服务，探索公共图书馆服务的创新实践显得尤为重要。

本研究旨在通过深入探究公共图书馆服务及创新实践，提出可行的策略和方法，为公共图书馆在服务质量提升和社会影响力扩大方面取得突破性进展提供参考。通过对公共图书馆基本服务、空间设计、读者服务、社区参与、合作联盟、评估质量管理、互联网与社交媒体应用、数字化服务等方面的深入研究和剖析，本研究旨在揭示公共图书馆服务创新的内在机制和发展趋势，为公共图书馆的可持续发展提供全方位的理论支持和实践指导。

在撰写本文之时，我们广泛调研了国内外公共图书馆服务的最新实践与研究成果，结合相关学科领域的理论研究和实践案例，通过分析比较、归纳总结，对公共图书馆服务创新所面临的挑战和机遇进行了深入剖析。

我们相信，本研究将为公共图书馆的管理者、从业人员以及相关研究者提供丰富的学术价值和实践经验，为公共图书馆的发展提供具有可操作性和指导性的研究成果，助力公共图书馆服务水平的提升，促进公共文化服务体系的可持续发展，为社会文化建设贡献新的智慧与力量。

目　录

第一章 公共图书馆的基本服务

第一节 馆藏资源借阅与管理

一、馆藏丰富性与多样性的维护与更新

（一）资源丰富性的维护

在当前信息爆炸的时代背景下，公共图书馆作为信息资源的守护者和传播者，需要不断提升馆藏数量，以满足不同读者的知识需求。为此，公共图书馆需建立完善的资源采集与挖掘机制，不仅关注主流学科领域的文献资源收集，还需重视涉及当地社会经济、文化特色等方面的非主流资源收集。此外，引入新的采集渠道，如与出版社、文化机构、学术机构建立合作关系，开展定制采集和资源共享，可有效拓展馆藏的多样性。

（二）资源多样性的更新

为满足不同读者的知识需求和阅读兴趣，公共图书馆需定期评估馆藏资源的多样性，及时更新和补充符合时代潮流和读者需求的新书籍、期刊以及多媒体资源。针对不同读者群体的阅读需求和特点，可采取定期调研、开展阅读兴趣调查等手段，了解读者的阅读喜好和需求变化，从而有针对性地更新和完善馆藏资源。此外，借助先进的数据分析技术，可对读者的

借阅偏好进行深度挖掘，从而更精准地更新馆藏资源，提高资源的实用性和可读性。

二、借阅流程的优化与便利化

（一）借阅流程的优化

针对传统的借阅流程中可能存在的烦琐、耗时等问题，公共图书馆可借助信息技术手段进行借阅流程的优化。通过引入自助借还设备、自助查询终端以及智能图书柜等现代化设备，可以有效缩短借阅时间，提高借阅效率，使读者享受更便捷的借阅体验。此外，借助移动设备和无线网络技术，公共图书馆还可以探索建立移动借阅服务平台，让读者随时随地都能进行借阅操作，实现无缝衔接的借阅体验。

（二）借阅便利化服务的提供

除了优化借阅流程，公共图书馆还应该提供更加便利化的借阅服务，满足读者多样化的需求。例如，推出线上预约借阅服务、远程续借服务、异地归还服务等，为读者提供更加灵活、便捷的借阅体验。此外，借助大数据分析技术，公共图书馆可以对借阅数据进行深度分析，挖掘出读者的借阅偏好和借阅规律，为读者提供个性化的推荐服务，进一步提升借阅服务的精准度和个性化。

三、藏书整理与数字化管理的创新实践

（一）数字化整理与管理技术应用

随着数字化技术的不断发展，公共图书馆可借助先进的数字化整理与管理技术，对馆藏书籍进行数字化处理和管理。通过建立数字化图书馆系统，将纸质书籍、期刊等资源进行数字化存储和管理，实现文献资源的长

期保存和便捷检索。同时，借助图书馆信息系统，可对图书馆馆藏进行全面的数字化管理，包括文献检索、借阅管理、馆藏统计等，提高馆藏资源的利用率和管理效率。

（二）智能化整理与分类技术应用

公共图书馆在书籍整理与分类方面也可以借助智能化技术进行创新实践。通过引入自动化图书分类系统和智能化书架整理设备，可实现对馆藏书籍的智能分类和整理，提高图书馆的资源利用效率和服务效率。同时，结合人工智能和大数据分析技术，公共图书馆可以根据读者的阅读偏好和借阅习惯，优化书籍的陈列和摆放，提高读者的浏览体验和阅读效果。

（三）数字化管理与保护策略的制定

在数字化管理的过程中，公共图书馆需要制定相关的管理与保护策略，确保馆藏资源的安全与完整性。通过建立完善的数字化资源备份与恢复机制，可以保障数字化馆藏资源的长期保存和可持续利用。同时，结合信息安全技术，公共图书馆需加强对数字化馆藏资源的信息安全管理，防止信息泄露和数据损坏，保障馆藏资源的安全与可靠性。此外，还需制定馆藏数字化资源的权限管理制度，确保馆藏资源的合理使用和管理。

第二节　资源导航与查询服务

一、检索系统的智能化与个性化定制

（一）智能化检索系统的建设

在当前信息爆炸的背景下，公共图书馆需建立智能化检索系统，以提供更加精准和快捷的信息检索服务。通过引入先进的信息检索技术和人工智能算法，公共图书馆可以构建智能化检索系统，实现对文献资源的智能化识别和分类，提高检索的准确性和效率。此外，公共图书馆还可以借助大数据分析技术，对用户的搜索行为和阅读习惯进行分析，为读者提供个性化的检索推荐服务，满足不同读者群体的信息需求。

（二）个性化定制服务的实现

为了更好地满足读者的个性化需求，公共图书馆可通过个性化定制服务，为读者提供更加精准和个性化的信息导航和查询服务。通过建立个性化用户画像系统，公共图书馆可以深度了解读者的阅读喜好和需求特点，从而为读者提供针对性的信息导航和查询推荐服务。同时，公共图书馆还可通过与读者建立良好的互动机制，收集读者的反馈意见和建议，不断优化个性化定制服务，提升读者的满意度和使用体验。

二、资源导航技术在图书馆服务中的应用

（一）虚拟导航技术的应用

随着虚拟技术的发展，公共图书馆可借助虚拟导航技术为读者提供更加便捷和直观的图书馆资源导航服务。通过建立虚拟导览系统，读者可以通过虚拟现实设备进行全方位的图书馆导览，实现对图书馆空间布局和资源位置的立体化展示，提高读者的导航效率和导览体验。

（二）移动导航技术的应用

为了满足读者对移动化服务的需求，公共图书馆可借助移动导航技术为读者提供便捷的移动导航服务。通过开发图书馆移动导航应用，读者可以随时随地通过移动设备获取图书馆的位置信息、资源分布情况以及相关服务信息，实现对图书馆的便捷导航和查询。

三、信息素养教育与资源利用指导

（一）信息素养教育的内容与形式

为了提高读者的信息素养水平，公共图书馆可开展丰富多样的信息素养教育活动。通过开展信息素养培训课程、举办信息素养讲座以及组织信息素养竞赛等形式，提高读者在信息检索、信息评估、信息利用等方面的能力，增强读者的信息获取和利用能力。

（二）资源利用指导服务的实施

为了引导读者更好地利用图书馆资源，公共图书馆可开展资源利用指导服务。通过为读者提供个性化的资源利用指导、定期开展资源利用培训等形式，帮助读者更好地了解和利用图书馆的资源，提高读者的信息获取效率和质量。同时，公共图书馆还可提供定制化的信息搜索策略和资源利用方法，帮助读者快速有效地获取所需信息，提升读者的信息利用水平和满意度。

第三节　读者参考咨询服务

一、个性化咨询与解决方案提供

（一）个性化咨询服务的重要性

首先，个性化咨询服务对公共图书馆来说是提升读者体验和满意度的关键一环。在当今信息大爆炸的时代，读者群体的需求日益多样化和个性化。每位读者的背景、兴趣、需求都可能存在差异，仅仅提供一般化的服务已经无法完全满足读者的需求。通过建立个性化咨询服务体系，图书馆可以更好地了解读者的具体需求和问题背景，提供更为精准、针对性的服务，从而提升读者对图书馆的认可度和信任感。

其次，个性化咨询服务可以为读者提供专业化的解决方案和指导。通过针对性的咨询服务，图书馆可以为读者提供更加精准的图书推荐、研究指导以及学术资源引导。针对不同读者的不同需求，个性化咨询服务可以提供定制化的学术资源推荐，帮助读者更快速、高效地获取所需信息，进而提升其学术研究和学习的效率和质量。

再次，个性化咨询服务有助于促进读者对图书馆资源的更深层次利用和探索。通过深入了解读者的需求和兴趣，图书馆可以为其提供更为精准的信息服务，引导读者进一步深入探索相关领域的学术资源和知识。个性化咨询服务不仅能够满足读者的特定需求，还能够帮助他们发现更多未知的学术资源和信息来源，从而提升其学术研究和学习的广度和深度。

最后，通过提供个性化咨询服务，图书馆可以提升自身的学术价值和社会影响力。当读者感受到图书馆能够理解并满足他们的特定需求时，他们对图书馆的认同感和信赖感将大大增强。这将进一步提升图书馆在学术界和社会中的地位和影响力，吸引更多读者和学术界人士积极利用图书馆的资源和服务，促进学术文化的传承和发展。通过不断优化个性化咨询服务体系，公共图书馆可以更好地满足读者需求，为学术研究和学习提供有力支持。

（二）解决方案提供的策略与方法

首先，建立完善的问题分类和解决方案库是提供高效个性化咨询服务的基础。公共图书馆可以通过收集、整理和分类常见的读者咨询问题，并针对不同类型的问题建立相应的解决方案库。这种分类和整理工作可以使图书馆工作人员更快速地定位读者问题，并提供针对性的解决方案。同时，建立问题解决方案库也有利于积累经验，为解决类似问题的读者提供更加专业、全面的服务。

其次，建立有效的读者反馈机制可以帮助图书馆不断改进和优化个性化咨询服务。公共图书馆可以通过建立在线反馈平台、定期开展用户调研或举办座谈会等方式，收集读者对参考咨询服务的意见、建议和体验反馈。针对读者反馈意见，图书馆可以进行精准的数据分析和整理，了解读者的需求变化和关注焦点，并根据反馈信息及时调整和改进解决方案。通过持续的反馈机制，公共图书馆可以不断优化个性化咨询服务，提高服务的针对性和用户满意度。

再次，建立多样化的沟通渠道是提升个性化咨询服务效果的重要手段。公共图书馆可以通过建立在线咨询平台、设立咨询热线、开展面对面咨询等多种方式，为读者提供多样化的咨询沟通渠道。通过多样化的沟通渠道，图书馆可以更加便捷地与读者进行沟通交流，深入了解读者的需求和问题，提供更加精准和个性化的解决方案。同时，多样化的沟通渠道也有利于扩大图书馆与读者之间的互动范围，提升读者参与度和体验感。

最后，培训图书馆工作人员的专业能力是提供高质量个性化咨询服务的关键因素。公共图书馆可以定期组织专业培训活动，提升工作人员的专业知识和服务技能，使其能够更好地理解并解决读者的问题。培训内容可以涵盖参考咨询技巧、专业数据库检索技能、学术资源利用方法等方面，帮助工作人员提升咨询服务质量和效率，为读者提供更加优质的个性化咨询服务。通过不断提升工作人员的专业能力，公共图书馆可以建立起一支专业化、高效率的咨询服务团队，为读者提供更加全面、贴心的个性化咨询服务。

二、专业参考咨询团队的构建与培训

（一）团队构建的要素与原则

1. 专业素养要求

首先，团队成员具备扎实的学科基础知识和信息检索能力是提供专业化参考咨询服务的基本要求。公共图书馆的参考咨询团队成员应具备扎实的学科基础知识，包括各学科领域的基本理论、研究方法、最新研究进展等方面的知识。只有具备扎实的学科基础知识，团队成员才能准确理解读者的需求和问题，并为其提供针对性的参考咨询服务。此外，团队成员还应具备熟练运用各类学术数据库和资源检索工具的能力，能够迅速准确地查找到读者所需的学术资源和参考资料，为其提供有效的学术支持和帮助。

其次，团队成员应具备广泛的学科知识视野和跨学科交叉应用能力。公共图书馆的参考咨询团队成员不仅需要在各自专业领域内具备扎实的学科知识，还需要具备广泛的学科知识视野和跨学科交叉应用能力。他们应了解不同学科领域的基本概念和研究动态，能够为具有不同学科背景的读者提供多方位、多角度的学术参考咨询服务。通过跨学科交叉应用能力，团队成员可以帮助读者深入理解学科间的相互关联和交叉融合，促进学术研究成果的跨学科整合和应用。

再次，团队成员应具备良好的学术素养和服务意识是提供专业化参考咨询服务的重要保障。良好的学术素养包括对学术研究规范和学术道德的认知和遵守，以及对学术研究成果的评估和应用能力。团队成员应积极关注学术前沿动态，了解学术界的研究热点和趋势，为读者提供及时、准确的学术咨询服务。此外，团队成员还应具备良好的服务意识，以读者需求为中心，关注读者的反馈和建议，不断优化和改进参考咨询服务，提高服务质量和满意度。

最后，团队成员应具备良好的沟通和协作能力。公共图书馆的参考咨询团队成员应能够与不同背景的读者进行有效的沟通和交流，理解其需求和问题，为其提供个性化、针对性的参考咨询服务。此外，团队成员还应能够积极与团队内部的成员进行协作和合作，共同解决复杂的学术问题和咨询需求，提升团队整体的学术服务水平和能力。通过良好的沟通和协作能力，团队成员可以提高参考咨询服务的效率和质量，为公共图书馆的学术服务工作注入更多活力和动力。

2. 沟通能力要求

首先，团队成员应具备良好的口头表达能力。公共图书馆的参考咨询团队成员应具备清晰、准确的口头表达能力，能够用简洁明了的语言向读者解释复杂的学术问题和概念，帮助他们更好地理解和掌握相关知识。良好的口头表达能力可以帮助团队成员与读者建立良好的沟通关系，促进双方的有效沟通和交流，提高参考咨询服务的质量和效率。

其次，团队成员应具备良好的书面表达能力。公共图书馆的参考咨询团队成员应能够用清晰、简洁的文字表达准确的学术观点和解决方案，为读者提供书面的参考咨询服务。良好的书面表达能力可以帮助团队成员准确传达复杂的学术知识和信息，使读者更容易理解和接受所提供的参考咨询服务。此外，团队成员还应能够根据读者的具体需求和背景，针对性地撰写参考咨询报告和指南，为读者提供个性化、定制化的参考咨询解决方案。

再次，团队成员应具备良好的倾听能力和服务意识。公共图书馆的参考咨询团队成员应能够倾听读者的需求和反馈意见，理解他们的问题和困惑，关注他们的学术需求和研究目标，为他们提供个性化、针对性的参考咨询服务。良好的倾听能力和服务意识可以帮助团队成员更好地理解读者的需求和期待，提供更加贴近实际需求的参考咨询解决方案，提高读者的满意度和信赖度，促进参考咨询服务的持续发展和提升。

最后，团队成员应具备良好的跨文化沟通能力。在面对不同背景和文化的读者时，公共图书馆的参考咨询团队成员应能够灵活运用不同的沟通方式和策略，理解和尊重不同文化背景下的沟通习惯和方式，避免沟通误解和冲突，促进不同文化之间的良好交流与合作。良好的跨文化沟通能力可以帮助团队成员构建开放包容的学术交流环境，促进不同文化背景下的学术交流与合作，提升学术交流活动的国际影响力和竞争力。

3.团队协作能力要求

首先，团队成员应具备积极的团队意识和责任感。公共图书馆的参考咨询团队成员应认识到团队的整体目标和使命，明确自己在团队中的责任和角色，积极参与团队协作，共同完成参考咨询服务工作。团队成员应互相支持、互相鼓励，建立良好的团队合作氛围，共同为读者提供高质量、高效率的参考咨询服务，提升团队整体的服务水平和影响力。

其次，团队成员应具备良好的沟通和协调能力。公共图书馆的参考咨询团队成员应能够有效沟通、协调团队内部的工作安排和任务分配，合理分工，协同配合，共同完成参考咨询服务工作。良好的沟通和协调能力可以帮助团队成员及时沟通和解决工作中的问题和难点，提高工作效率和质量，提升团队整体的服务水平和竞争力。

再次，团队成员应具备良好的学习和分享精神。公共图书馆的参考咨询团队成员应能够不断学习、积累新的知识和经验，掌握新的参考咨询技能和方法，不断提升自身的专业水平和服务质量。同时，他们还应能够积极分享自己的工作经验和技巧，为团队内部成员提供学习和借鉴的机会，共同提升团队整体的学术水平和服务质量。

最后，团队成员应具备解决问题和应对挑战的能力。公共图书馆的参考咨询团队成员应能够迅速反应和应对工作中的问题和挑战，灵活调整工作策略和方法，有效解决团队工作中的各种困难和难点。通过良好的问题解决能力和应对挑战能力，团队成员可以保证参考咨询服务工作的顺利进行，提高团队整体的服务效率和质量，提升团队在学术服务领域的竞争力和影响力。

（二）培训机制的建立与优化

1.系统的培训内容安排

首先，参考咨询技能培训是公共图书馆培训计划中的重要组成部分。这一培训内容旨在帮助团队成员掌握有效的参考咨询方法和技巧，提高参考咨询服务的质量和效率。在这方面，培训可以包括参考咨询流程的介绍与规范，引导团队成员了解如何准确定位读者需求，提供精准的参考咨询服务。此外，培训还可以涵盖咨询技巧的实际操作和模拟案例训练，帮助团队成员提升在实际工作中的应对能力和解决问题的能力，以确保他们能够为读者提供高质量、有效率的参考咨询服务。

其次，专业知识更新培训对于公共图书馆的参考咨询团队成员而言至关重要。这方面的培训内容旨在帮助团队成员了解最新的学术研究动态和前沿信息，为读者提供最新的学术资源和参考资料。培训内容可以涉及最新的学术资源和数据库的介绍和应用，让团队成员熟悉各类学术数据库和信息检索工具的使用方法和技巧。此外，培训还可以涵盖学术期刊的最新发展趋势和研究成果，帮助团队成员了解学术研究领域的最新进展和成果，为读者提供前沿的学术资讯和信息支持。

再次，沟通技巧提升培训是提升参考咨询团队沟通能力的关键环节。这方面的培训内容旨在帮助团队成员提升与读者沟通的能力和水平，更好地理解读者的需求和问题，提供更为个性化和针对性的参考咨询服务。在这方面，培训可以包括有效沟通的基本原则和技巧，帮助团队成员学习如何与读者建立良好的沟通关系，理解读者的需求和期待。此外，培训还可以涵盖问题解决和矛盾调节的方法与技巧，帮助团队成员在实际工作中有效应对各种沟通难题和挑战，提高参考咨询服务的质量和效率。

最后，公共图书馆还可以针对团队成员的特定需求和发展方向，设计个性化的培训计划。通过了解团队成员的专业背景和个人需求，制定有针对性的培训内容，帮助他们更好地发展个人专业能力和提升参考咨询服务的质量。同时，定期评估和调整培训计划，根据团队成员的反馈意见和实际需求，不断优化培训内容和形式，提高培训的针对性和实效性。通过系统的培训内容安排和个性化的培训计划，公共图书馆可以不断提升参考咨询团队的整体专业水平和服务质量，为读者提供更加专业化和优质的参考咨询服务。

2.定期评估和反馈机制

首先，公共图书馆应建立定期评估机制，以监测参考咨询团队成员的培训效果和学习成果。这一评估机制可以包括定期考核和测试，以检验团队成员在培训内容上的掌握程度和应用能力。通过定期考核和测试，团队领导可以了解团队成员在参考咨询技能、专业知识和沟通能力方面的提升情况，发现问题并及时采取措施进行调整和改进。此外，定期评估还可以包括对团队成员的学术素养和服务意识进行评估，以确保团队成员能够全面提升参考咨询服务的质量和水平。

其次，公共图书馆应建立有效的反馈机制，鼓励团队成员积极参与培训活动，并提出建设性意见和建议。这一反馈机制可以包括定期组织团队成员的反馈会议和讨论，让团队成员有机会分享自己的培训体会和心得体会，提出对培训内容和形式的改进建议。此外，团队领导可以通过定期的个人反馈和评估，与团队成员进行一对一的交流和沟通，了解他们在培训过程中遇到的问题和困难，提供针对性的帮助和指导。通过建立有效的反馈机制，公共图书馆可以激励团队成员积极参与培训活动，不断提升参考咨询团队的整体素质和服务水平。

最后，公共图书馆应定期总结评估和反馈结果，制定相应的改进计划和措施。根据评估和反馈结果，团队领导可以针对团队成员的培训需求和问题提出具体的改进计划，包括调整培训内容和形式、加强个性化辅导和指导等。同时，团队领导可以与团队成员共同讨论和制定改进计划的具体实施方案，确保改进措施能够切实有效地提升参考咨询团队的专业水平和服务质量。通过定期总结评估和反馈结果，并采取针对性的改进计划和措施，公共图书馆可以不断提升参考咨询团队的整体素质和服务水平，为读者提供更加专业化和优质的参考咨询服务。

三、咨询服务的效率化与质量提升

（一）服务流程优化与标准化管理

1.咨询服务流程的优化

公共图书馆可以通过优化咨询服务流程，提高咨询服务的效率和质量。优化咨询服务流程包括建立高效的咨询服务接待流程、完善的问题解决流程和服务反馈流程等。针对不同类型的咨询问题，建立相应的服务流程和操作规范，帮助团队成员快速准确地解决读者的问题，提高咨询服务的效率和满意度。在服务流程的优化过程中，公共图书馆可以结合先进的信息技术手段，如智能咨询系统、数据分析平台等，提高咨询服务的智能化水平和科学化管理水平，为读者提供更为便捷和高效的参考咨询服务体验。

2.服务标准化管理的重要性

建立标准化的咨询服务管理机制可以提高参考咨询服务的一致性和规范性。公共图书馆可以制定明确的服务标准和操作规范，规范团队成员的咨询行为和服务态度，确保咨询服务的质量和效率得到有效保障。服务标准化管理可以包括建立服务行为规范、制定服务流程标准、确立服务质量指标等方面。通过标准化的管理机制，公共图书馆可以有效提升咨询服务的整体质量和一致性水平，为读者提供更为专业和标准化的参考咨询服务。

（二）咨询质量评估与持续改进

1.建立客观评估指标体系

建立完善的咨询质量评估体系是提升参考咨询服务质量的关键一步。公共图书馆可以结合咨询服务的特点和要求，建立客观、全面的评估指标体系，包括服务响应时间、问题解决效率、服务满意度等方面。通过客观的评估指标体系，可以客观评估团队成员的咨询服务水平和质量表现，及时发现存在的问题和不足，并采取相应的改进措施，提升咨询服务的质量和水平。

2.持续改进和优化措施

公共图书馆应建立持续改进的机制，不断优化咨询服务质量。通过定期的质量评估和数据分析，可以发现参考咨询服务中存在的问题和瓶颈，针对性地采取改进措施，提升咨询服务的质量和效率。改进措施可以包括加强团队成员的培训和技能提升、优化服务流程和管理机制、引入先进的信息技术手段提升服务智能化水平等。通过持续改进和优化措施，公共图书馆可以不断提升参考咨询服务的质量和水平，为读者提供更为优质和高效的参考咨询服务体验。

第四节　学术研究支持与服务

一、学术期刊与数据库资源的开发与利用

（一）学术期刊资源的开发与建设

学术期刊作为学术界传播研究成果、推动学术发展的重要渠道，在公共图书馆的学术支持体系中占据着重要地位。

1.建立紧密合作关系与资源收集

公共图书馆作为信息资源的重要提供者，应该与学术出版机构、研究机构等建立紧密的合作关系，以确保可以及时、全面地收集各类学术期刊资源。这意味着需要建立稳固的订阅渠道，与各大出版社建立长期合作关系，确保能够第一时间获取最新的学术期刊资源。同时，公共图书馆还应该注重收集多样化的学术期刊资源，涵盖不同学科领域，以满足不同读者群体的学术需求。建立丰富多样的学术期刊资源库是提升图书馆学术支持体系的重要一环。

2.制定评估标准与质量提升

为了保证所收集的学术期刊资源的质量，公共图书馆需要制定严格的评估标准。这些评估标准可以包括期刊的影响因子、学术影响力、编辑团队的专业水平等多个方面。通过建立科学合理的评估体系，公共图书馆可以更好地筛选出高质量的学术期刊资源，为学术研究人员提供可靠的学术信息支持。此外，公共图书馆还可以定期组织学术期刊资源评估会议，邀请专业人士参与评估工作，从而不断提升学术期刊资源的质量和可信度。

3.建立全面的学术期刊数据库

建立全面的学术期刊数据库是提高学术资源利用效率的关键。公共图书馆可以通过建设完善的数据库平台，为用户提供便捷的检索和浏览服务。这包括建立高效的检索系统，使用户能够快速准确地找到所需的学术期刊资源；提供多样化的浏览方式，满足不同用户的阅读习惯和需求；加强数据库的更新和维护工作，确保数据库中的学术期刊资源始终保持最新和可靠。通过这些措施，公共图书馆可以提升学术期刊资源的可及性和可用性，更好地满足学术研究人员的学术需求。

（二）数据库资源的利用与推广

在当今数字化信息时代，数据库资源的全面利用与推广对于公共图书馆的学术支持和服务体系至关重要。

首先，公共图书馆应当积极开发多元化的数据库资源，涵盖各个学科领域的全面支持。这意味着需要建立涵盖不同学科领域的数据库资源平台，为学术研究人员提供丰富多样的信息支持。

其次，为了提高学术研究人员对数据库资源的认知度和使用水平，公共图书馆可以组织丰富多样的数据库资源培训活动。通过开展数据库资源的培训课程和讲座，向用户介绍数据库资源的利用方法和技巧，帮助学术研究人员更好地利用数据库资源开展学术研究工作。

再次，公共图书馆还可以与相关学术机构建立紧密合作关系，共同推广各类数据库资源的使用。通过举办学术交流会议、合作研究项目等形式，促进不同学术机构之间数据库资源的共享与交流，推动学术研究成果的深度交流和合作。

最后，公共图书馆还应注重加强对数据库资源的更新和维护工作。定期更新数据库资源，及时剔除不合格或过时的资源，保持数据库资源的新鲜度和可靠性。通过以上措施，公共图书馆可以充分发挥数据库资源在学术研究中的重要作用，促进学术研究的深入开展和成果的丰富多样化。

二、学术研究培训与学术成果展示平台的建设

（一）学术研究培训内容与形式

为了提升学术研究人员的研究能力和水平，公共图书馆可开展多样化的学术研究培训活动。

首先，组织学术研究方法培训是提升学术研究人员研究能力的重要途径之一。通过邀请专业的学术研究方法导师，为学术研究人员提供系统化的研究方法培训课程，帮助他们掌握科学合理的研究方法和技巧。

其次，学术写作指导也是提升学术研究人员学术水平的关键环节之一。通过开设学术写作指导课程，教授学术论文写作的基本规范和技巧，帮助学术研究人员提高论文的撰写质量和学术表达能力。

此外，加强科研伦理培训也是提升学术研究人员整体素质的重要途径之一。通过开展科研伦理培训课程，向学术研究人员介绍科研伦理的基本原则和规范，引导他们树立正确的科研伦理观念，促进学术研究工作的规范化和规范化发展。

（二）学术成果展示平台的建设与优化

公共图书馆作为学术研究资源的重要提供者，应该致力于建设专业化的学术成果展示平台，为学术研究人员提供展示学术成果的专业平台。

首先，建设学术成果展示平台有助于促进学术研究人员之间的学术交流与合作。通过建立学术成果展示平台，学术研究人员可以及时了解同行的最新研究成果，促进学术研究人员之间的学术交流和合作。

其次，建设学术成果展示平台有助于提升学术研究成果的影响力和知名度。通过向广大读者展示学术研究人员的学术成果，可以提升学术研究人员在学术界的知名度和影响力，促进学术研究成果的传播与应用。通过组织学术成果展示活动、学术论坛等形式，公共图书馆可以为学术研究人员提供展示学术成果的交流平台，促进学术成果的共享与传播。

三、学术交流活动的组织与推广

（一）学术交流活动的丰富性与多样性

公共图书馆可组织多样化的学术交流活动，为学术研究人员提供广泛的学术交流平台。通过举办学术研讨会、学术论坛、学术交流会等形式的学术交流活动，公共图书馆可以促进学术研究人员之间的学术交流与合作，推动学术研究成果的共享与传播。

1.学术研讨会的组织

首先，精心策划会议议程是成功组织学术研讨会的关键一步。公共图书馆应通过广泛调研和深入了解学术界的研究热点和前沿问题，精心策划学术研讨会的议程安排。在会议议程的策划过程中，应注重选取与会者关注度高、参与度强的议题，以吸引更多的学术界人士参与讨论和交流。同时，应合理安排演讲环节、讨论环节和互动环节，促进与会学者之间的深入交流和学术思想碰撞，提升学术研讨会的学术价值和影响力。

其次，邀请优秀演讲嘉宾是成功举办学术研讨会的重要保障。公共图书馆应积极邀请具有较高学术声望和影响力的知名学者与专家担任学术研讨会的演讲嘉宾。这些优秀的演讲嘉宾不仅能够分享自身的研究成果和学术观点，还能够带动与会者的学术讨论和思考，促进学术研讨会的深度和广度。同时，应合理安排演讲嘉宾的演讲时间和内容，保证每位演讲嘉宾都有充分的时间展示自己的研究成果和学术观点，为与会者提供丰富多彩的学术内容和思想碰撞。

再次，提供交流互动环节是促进学术研讨会成功举办的重要环节。公共图书馆应设置多样化的交流互动环节，包括讨论小组、专题研讨会、学术展览等，为与会者提供丰富多样的交流平台和展示机会。通过交流互动环节，与会者可以就特定议题展开深入讨论，分享研究心得和经验，拓宽学术视野和思维广度。同时，交流互动环节还可以促进与会者之间的学术合作和交流，激发新的研究思路和合作机会，为学术研讨会的学术成果和影响力注入新的活力和动力。

最后，注重学术研讨会的议题热点性与前沿性是提升学术交流活动深度与广度的关键因素。公共图书馆应不断关注学术界的最新动态和研究热点，及时调整和更新学术研讨会的议题设置，确保议题与学术界的关注焦点和研究方向紧密契合。同时，应邀请涵盖不同学科领域的优秀学者与专家参与讨论，促进不同学科领域的交叉融合与合作，为学术研讨会注入多元化和开放性的学术氛围和价值观。

2. 学术论坛的开展

首先，精心选择学术论坛的话题是成功开展学术论坛的关键一步。公共图书馆应通过调研和分析，选择具有前瞻性、创新性的学术话题作为学术论坛的主题。这些话题应能够引起学者们的广泛关注和积极参与，激发他们的学术思维和创新能力。在话题选择过程中，公共图书馆可以借助学术界的研究热点和前沿动态，选择与当前学术话题密切相关的议题，促进学者们就重要的学术问题展开深入讨论和思考。

其次，邀请具有影响力的学者担任学术论坛的演讲嘉宾是提升学术论坛影响力的重要手段。公共图书馆应积极邀请在相关领域具有较高学术声望和影响力的学者担任学术论坛的演讲嘉宾。这些学者不仅在学术研究上有着深厚造诣，而且在学术交流和思想碰撞方面具有丰富的经验和见解。他们的演讲和观点可以为与会者带来新的思考和启发，激发学术界的研究热情和创新活力。通过邀请优秀的演讲嘉宾，公共图书馆可以提升学术论坛的学术价值和影响力，吸引更多学者的积极参与和关注。

再次，注重学术论坛的交流与互动环节是促进学术论坛成功举办的重要环节。公共图书馆应设置丰富多样的交流互动环节，包括讨论会、问答环节、学术展示等，为与会学者提供广泛的交流和展示平台。通过交流互动环节，与会者可以就特定学术话题展开深入讨论，分享研究成果和学术经验，促进学术思想和观点的碰撞和交流。同时，交流互动环节还可以促进学者之间的学术合作与交流，激发新的研究思路和合作机会，为学术论坛的学术成果和影响力注入新的活力和动力。

最后，注重学术论坛的学术影响力与社会效益是提升学术交流活动的重要目标。公共图书馆应不断加强学术论坛的宣传与推广工作，扩大学术论坛的影响力和知名度，吸引更多学者和社会各界人士的关注和参与。同时，应注重学术论坛的社会效益和实际影响，探索学术研究成果与社会实践的结合点，促进学术研究成果的转化和应用，为社会发展和进步注入新的智慧和动力。通过注重学术论坛的学术影响力与社会效益，公共图书馆可以提升学术交流活动的深度和广度，为学术界和社会各界带来更多的学术价值和实际效益。

3.学术交流会的举办

首先，创建良好的学术交流氛围是成功举办学术交流会的关键因素之一。公共图书馆应营造开放、包容、互助的学术交流氛围，鼓励学者们积极参与交流活动并分享彼此的研究成果与学术经验。为了营造良好的学术交流氛围，公共图书馆可以组织各类学术交流活动，包括学术讲座、研讨会、研究报告会等，为学者们提供一个开放的交流平台和展示机会。通过营造良好的学术交流氛围，公共图书馆可以促进学者们之间的学术合作与交流，激发新的研究思路和创新点，提升学术交流活动的深度和广度。

其次，提供有效的交流平台是成功举办学术交流会的重要保障之一。公共图书馆应建立多样化、便捷高效的交流平台，为学者们提供展示研究成果和交流学术观点的便利条件和良好环境。交流平台可以包括线上交流平台和线下交流平台两种形式。线上交流平台可以通过建立学术交流网站、专业学术社交平台等方式，为学者们提供在线交流和展示的便捷渠道。线下交流平台可以通过组织学术交流会、学术研讨会等方式，为学者们提供面对面交流和互动的实践场所。通过提供有效的交流平台，公共图书馆可以促进学者们之间的深入交流与互动，促进学术成果的共享与传播，提升学术交流活动的实际效益和社会影响力。

再次，鼓励学者积极参与并分享研究成果与学术经验是举办学术交流会的核心目标之一。公共图书馆应积极邀请学者参与学术交流活动，并鼓励他们积极分享自身的研究成果、学术观点和学术经验。通过鼓励学者积极参与学术交流活动，可以促进学术界的学术成果共享和学术经验交流，激发学者们的研究热情和创新活力，推动学术交流活动的深入发展和学术成果的持续积累。

最后，建立有效的学术交流机制与平台是促进学术交流活动持续发展的重要保障。公共图书馆应建立多层次、多元化的学术交流机制与平台，包括学术交流网站、学术交流社群、学术交流期刊等多种形式。通过建立有效的学术交流机制与平台，公共图书馆可以为学者们提供一个持续、稳定的学术交流渠道和平台，促进学者们之间的学术合作与交流，推动学术交流活动的不断深化和拓展。

（二）学术交流活动的联合举办与推广

为了扩大学术交流活动的影响力和覆盖范围，公共图书馆可积极参与学术交流活动的联合举办与推广。与学术机构、研究机构等合作，共同举办学术研讨会、学术论坛等大型学术交流活动，拓展学术交流活动的影响力和知名度，促进学术研究成果的深度交流与共享，推动学术研究的持续发展。

1. 与学术机构合作举办活动

首先，明确合作目标是与学术机构合作举办活动的重要前提。公共图书馆在与各大学、研究院所等学术机构合作举办学术交流活动之前，应明确合作的具体目标和意义。合作的目标可以包括拓展学术交流活动的影响范围与深度，提升学术交流活动的专业水平与学术价值，促进学术研究成果的共享与传播等方面。通过明确合作目标，公共图书馆和学术机构可以共同努力，以更加明确的方向和目标推动学术交流活动的深入开展和持续发展。

其次，合理分工是与学术机构合作举办活动的重要保障之一。公共图书馆应与合作的学术机构充分沟通和协商，明确各自的任务分工和责任范围，充分发挥各自的专业优势和资源优势。合理的分工可以有效避免资源浪费和重复劳动，提高活动组织与推广的效率和效果。公共图书馆可以负责活动的整体策划和组织工作，而学术机构可以提供学术资源和专业支持，共同打造学术交流活动的高品质、高水平。通过合理分工，公共图书馆和学术机构可以实现优势互补，共同推动学术交流活动的深入开展和持续发展。

最后，建立长期稳固的合作关系是促进学术交流活动持续发展的关键保障。公共图书馆和学术机构应在合作过程中注重建立长期稳固的合作关系，加强沟通和协作，保持密切的合作联系与互动。通过建立长期稳固的合作关系，可以促进双方在学术资源共享、人才培养、学术交流等方面的深入合作与互利共赢，推动学术交流活动的持续深化和发展。公共图书馆和学术机构可以通过定期举办合作活动、共同开展学术研究项目等方式，增进彼此的了解与信任，进一步拓展学术交流活动的影响范围与深度，促进学术研究成果的共享与传播。

2. 与研究机构合作举办活动

首先，深入了解研究机构的特点和研究领域是与研究机构合作举办活动的重要前提。公共图书馆在与各类研究机构合作举办学术交流活动之前，应深入了解各研究机构的特色和研究领域，明确各研究机构的学术特长和研究重点。通过深入了解研究机构的特点和研究领域，公共图书馆可以更好地把握合作的重点和方向，找准合作的着力点和重点，提升学术交流活动的专业水平和学术价值。

其次，充分利用研究机构的学术资源与专业知识是与研究机构合作举办活动的关键策略之一。公共图书馆应积极与研究机构进行学术资源共享与互补，充分利用研究机构的学术研究成果和专业知识，为学术交流活动提供丰富的学术资源支持和专业的学术指导。公共图书馆可以邀请研究机构的专业研究人员参与学术交流活动，分享最新的研究成果和学术观点，为与会学者提供深入、全面的学术视野和思路。通过充分利用研究机构的学术资源与专业知识，公共图书馆可以提升学术交流活动的学术水平和影响力，促进学术研究成果的传播与应用。

最后，建立稳固的合作关系是与研究机构合作举办活动的长期目标和重要保障。公共图书馆应与各类研究机构建立长期稳固的合作关系，加强沟通和交流，建立常态化的合作机制和平台。通过建立稳固的合作关系，可以为公共图书馆与研究机构之间的学术交流和合作提供持续、稳定的合作基础和平台。公共图书馆可以通过定期举办合作活动、共同开展学术研究项目等方式，增进与研究机构之间的相互了解与信任，进一步拓展学术交流活动的深度与广度，为学术研究的发展注入新的活力与动力。

3. 活动推广与宣传策略

首先，精心设计活动宣传方案是成功推广学术交流活动的关键策略之一。公共图书馆应根据学术交流活动的特点和目标群体，精心设计活动宣传方案，制定针对性的宣传推广策略和计划。活动宣传方案可以包括宣传主题的确定、宣传内容的策划、宣传渠道的选择等方面。公共图书馆可以通过丰富多样的宣传方式和形式，如制作宣传海报、宣传手册、宣传视频等，将活动信息传播给更广泛的受众群体，提高学术交流活动的知名度和影响力。通过精心设计活动宣传方案，公共图书馆可以为学术交流活动的顺利开展和有效推广提供有力的支持和保障。

其次，加强社交媒体宣传是成功推广学术交流活动的重要策略之一。公共图书馆可以利用各类社交媒体平台，如微博、微信公众号等，加强学术交流活动的社交媒体宣传和推广工作。通过定期发布活动相关信息和动态、组织互动交流和讨论等方式，公共图书馆可以吸引更多学者的关注和参与，提升学术交流活动的曝光度和知名度。同时，公共图书馆还可以利用社交媒体平台的多媒体特性，发布活动宣传视频、精彩瞬间照片等，形成丰富多彩的活动宣传内容，吸引更多目标受众的关注和参与。通过加强社交媒体宣传，公共图书馆可以拓展学术交流活动的影响范围和受众群体，提高学术交流活动的参与度和影响力。

最后，建立有效的宣传评估机制是成功推广学术交流活动的重要保障之一。公共图书馆应建立有效的宣传评估机制，定期对活动宣传效果进行评估和监测。通过建立客观、全面的评估指标体系，对活动宣传的覆盖范围、宣传效果、受众反馈等方面进行评估，及时发现宣传存在的问题和不足，采取相应的改进措施和调整措施。公共图书馆可以通过组织问卷调查、召开评估会议等方式，了解受众的反馈意见和建议，为宣传策略和方案的优化提供有力的参考依据。通过建立有效的宣传评估机制，公共图书馆可以不断优化宣传策略和方案，提升学术交流活动的知名度和影响力，为学术交流活动的持续发展和有效推广提供有力的保障。

第二章　公共图书馆空间的创新设计与利用

第一节　图书馆空间规划与设计

一、空间布局的灵活性与多功能性设计

（一）空间布局的灵活性设计

1. 读者群体需求分析与空间定制

首先，为了有效满足不同年龄段读者的需求，图书馆空间规划和设计需要考虑特定年龄段读者的特点和喜好。对于儿童读者，设计应包括色彩明亮、形状丰富的家具和装饰，以吸引他们的注意力并激发他们的好奇心和想象力。此外，安全性是关键考虑因素，因此需要在儿童区域设置防撞软垫和安全门锁，以保证他们的安全。对于青少年读者，空间设计可以注重创造活力和开放感，以满足他们对交流和合作的需求。例如，设置小组讨论区和多功能活动区域，鼓励青少年读者参与讨论和合作项目。

其次，针对不同兴趣爱好的读者群体，图书馆空间规划和设计应该提供多样化的空间环境。对于艺术爱好者，可以设计展示区和创意工作坊区域，以展示和促进艺术交流和创作活动。对于科技爱好者，应该设立数字资源区和互动体验区，提供先进的科技设备和虚拟现实体验，满足他们对

科技知识获取和探索的需求。对于文学爱好者，应该设置舒适的阅读区和文学讨论区，提供丰富的文学作品和相关活动，满足他们对文学知识和阅读体验的追求。

再次，针对不同学习习惯的读者群体，图书馆空间规划和设计需要提供灵活多样的学习环境。对于喜欢独立学习的读者，可以设置安静的个人阅读区和独立学习桌，提供安静和私密的学习空间。对于喜欢合作学习的读者，应该设计多功能的小组讨论区和合作学习空间，鼓励读者之间的交流和合作，促进知识共享和团队合作精神。此外，为了满足不同学习需求的读者，图书馆空间应提供多种学习资源和设施，如电脑工作站、多媒体设备和学习辅助材料等。

最后，针对不同文化背景的读者群体，图书馆空间规划和设计需要考虑文化多样性和包容性。在空间布局中，可以设置多语种图书区和文化展示区，提供丰富多样的文化资源和展览活动，促进不同文化之间的交流和理解。此外，设计应充分考虑不同文化背景读者的文化习惯和需求，避免设计上的文化冲突和隔阂，营造一个包容和共融的阅读学习环境。通过这种文化多样性的考虑，图书馆可以成为促进不同文化交流和互动的重要场所，促进社会多元文化的发展和共存。

2. 灵活可变的空间布局设计

首先，在空间布局的灵活性设计中，设计师可以考虑采用可移动的家具和装饰品来创造灵活多变的空间。通过使用可移动的书架、桌子和椅子，读者可以根据自己的需求自由调整空间布局，创建适合自己学习和阅读的舒适环境。此外，可移动的装饰品如挂画、植物和分隔板等也可以用来调整空间氛围和功能，为读者提供更加个性化和舒适的阅读体验。

其次，在空间布局的灵活性设计中，设计师可以考虑引入可调节的隔断墙和分隔区域。这些隔断墙可以根据不同时间段和活动类型的需要来调整空间大小和形状，创造出适合不同用途的空间环境。例如，在举办讲座或活动时，可以调整隔断墙来扩大活动区域；而在安静阅读时，可以通过隔断墙的调整来创造私密的阅读空间。这样的灵活设计可以满足不同读者在不同时间段的多样化需求，提高图书馆空间的利用率和适应性。

再次，开放式空间布局是实现灵活性设计的重要策略之一。通过采用开放式布局，设计师可以创造出开放、宽敞的空间环境，为不同活动和需求提供更大的适应性。例如，可以设计开放式的阅览区和学习区，让读者可以根据自己的喜好和需求自由选择合适的学习和阅读区域。同时，开放式空间布局也可以促进读者之间的交流和合作，营造出更加活跃和有趣的阅读学习氛围。

最后，在空间布局的灵活性设计中，设计师应该注重空间的流动性和连贯性。通过合理布置走廊、通道和连接区域，可以使整个图书馆空间看起来更加统一和流畅。此外，考虑到读者的移动和交流需求，设计师还可以设置交互式休息区和交流空间，为读者提供更多社交和交流的机会，促进知识共享和合作学习。通过精心设计空间流动性，可以提高图书馆空间的舒适度和使用效率，满足不同读者群体在空间使用方面的多样化需求。

3.技术集成与空间布局

首先，空间布局的技术集成需要充分考虑读者对数字资源的需求。设计师可以合理布局电源插座和充电设备，为读者提供便捷的充电服务，使他们可以在阅读和学习过程中随时获取电子设备的电力支持。此外，应在图书馆中设置专门的电子资源区，提供多功能电脑工作站和数字阅读设备，方便读者获取和利用数字化资源。通过合理的电子资源区布局，图书馆可以满足不同读者对数字资源的不同阅读和学习需求，提升图书馆服务的便捷性和高效性。

其次，空间布局的技术集成应当注重无线网络连接点的布置。设计师可以合理规划无线网络信号覆盖区域，确保图书馆内各个区域都能够稳定连接网络，为读者提供高速、稳定的网络环境。在布局中应考虑设置无线网络连接点，满足读者对网络连接的需求，方便他们在图书馆内进行在线学习、信息检索和社交交流。通过科学合理的无线网络连接点布局，可以提高图书馆的数字化服务水平，满足读者对便捷网络服务的迫切需求。

再次，空间布局的技术集成需要充分考虑数字资源与传统纸质资源之间的融合与互动。设计师可以通过合理布局，将电子资源区和传统书籍区相互结合，为读者提供一站式的综合资源获取体验。例如，在布局中可以设置数字资源展示区，展示最新的数字化资源和数据库信息；同时在书架区设置电子终端设备，方便读者进行数字资源的查阅和下载。这样的空间布局可以促进数字资源和传统资源之间的有机融合，满足不同读者对多样化资源获取方式的需求，提升图书馆的资源利用效率和服务质量。

最后，在空间布局的技术集成中，应注重数字设备使用空间的合理布置。设计师可以考虑在图书馆中设置多功能数字设备使用区，提供多媒体设备、打印机、扫描仪等数字化设备，满足读者对多种数字设备的使用需求。在布局中应注重数字设备使用空间的灵活性和便捷性，为读者提供舒适的使用环境和高效的服务体验。通过合理的数字设备使用空间布置，图书馆可以提升数字化服务水平，满足读者对数字设备使用的多样化需求，提高图书馆数字化服务的普及率和满意度。

（二）多功能性设计的实现

1.多功能区域的整合

首先，在多功能区域的整合中，设计师可以将阅览区与讨论区融合在一起，创造出一个兼具阅读和交流功能的多功能空间。例如，可以在阅览区设置舒适的沙发和个人阅读桌，同时在周围布置一些小型的讨论区和互动区，鼓励读者之间进行交流和讨论。这样的空间设计可以促进读者之间的交流和互动，激发思想碰撞和知识共享，营造出一个充满活力和创新氛围的学习场所。

其次，在多功能区域的整合中，设计师可以将创意空间与阅览区和讨论区相结合,为读者提供创意思维和交流的平台。例如,在图书馆内设置专门的创意工作坊区域,提供多功能的创作工具和设备,鼓励读者进行创意活动和合作项目。设计师可以在创意空间中设置展示区和交流区,促进读者之间的创意交流和合作创作,激发创新意识和创造力,提升图书馆的创意文化氛围和影响力。

再次,在多功能区域的整合中,设计师可以将休息区与阅览区和讨论区相结合,为读者提供舒适和放松的休息场所。例如,在图书馆内设置舒适的休息区和休闲座椅,提供舒适的阅读环境和放松空间,让读者在阅读和学习之余可以得到有效的放松和休息。设计师可以在休息区中设置绿植和艺术装饰,营造出舒适和宁静的阅读氛围,为读者提供愉悦和轻松的阅读体验,促进读者的身心健康和全面发展。

最后,在多功能区域的整合中,设计师应注重空间布局的灵活性和可变性。通过合理布置多功能家具和装饰品,设计师可以创造出灵活多变的空间环境,满足不同读者对多样化空间需求的迫切需求。例如,在空间布局中可以设置可移动的书架和多功能桌子,为读者提供自由组合和调整空间的可能性,让他们根据自己的需要来自由配置和使用空间,提高空间利用率和适应性。通过灵活可变的空间布局设计,可以提升图书馆的空间利用效率和服务质量,为读者提供更加多样化和个性化的学习和阅读体验。

2.活动策划与空间布局

首先,在活动策划与空间布局中,设计师可以结合图书馆的主题和定位,规划丰富多彩的讲座活动。例如,可以在图书馆内设置专门的讲座区域,配备先进的音响设备和多媒体设备,为讲座活动提供良好的听觉和视觉效果。设计师可以根据不同讲座活动的特点和规模,灵活调整讲座区域的布置和座位设置,确保读者可以舒适地参与讲座活动,提高讲座活动的参与度和满意度。

其次,在活动策划与空间布局中,设计师可以结合社区的需求,规划丰富多彩的展览活动。例如，在图书馆内设置专门的展览区域，提供丰富多样的展览空间和展览设施，为社区居民提供艺术欣赏和文化体验的机会。设计师可以根据不同展览活动的主题和风格，灵活调整展览区域的布局和展示方式，展现出不同展览活动的独特魅力和艺术价值，提升展览活动的影响力和艺术价值。

再次，在活动策划与空间布局中，设计师可以结合社区的需求，规划丰富多彩的工作坊活动。例如，在图书馆内设置多功能的工作坊区域，提供丰富多样的工作坊场地和设备，为社区居民提供学习和交流的平台。设计师可以根据不同工作坊活动的主题和内容，灵活调整工作坊区域的布置和设施设置，提供舒适和便利的学习和交流环境，促进社区居民的学习和技能提升，提高工作坊活动的实用性和影响力。

最后，在活动策划与空间布局中，设计师应注重活动区域的灵活性和多功能性。通过合理布置活动区域的家具和设施，设计师可以创造出灵活多变的活动环境，满足不同活动类型和规模的需求。例如，可以设计可移动的活动台和多功能桌椅，方便根据不同活动的需要进行灵活调整和布置。通过灵活可变的活动区域布局设计，可以提升图书馆的活动策划效果和活动体验质量，为社区居民提供丰富多彩的学习和文化活动体验。

3. 可持续性与多功能性设计

首先，在多功能性设计中，可持续性是一个重要的考虑因素，设计师可以通过使用可再生材料制作家具来促进可持续发展。例如，选择使用可再生木材或再生材料制作书架、桌子和椅子，可以减少对自然资源的消耗，并降低对环境的影响。此外，设计师还可以鼓励使用可降解和可回收材料，促进废物资源的再利用，提高资源利用效率，为图书馆的多功能性设计增添可持续发展的理念和实践。

其次，在多功能性设计中，可持续性也涉及节约能源的措施。设计师可以利用自然光线和通风来减少对人工照明和空调的依赖，降低能源消耗，提高空间利用效率。例如，在图书馆内设置大型落地窗和天窗，充分利用自然光线，为读者提供明亮舒适的阅读和学习环境；同时合理规划通风系统，利用自然气流循环，降低空调使用频率，减少能源消耗。通过这些节能措施，图书馆可以为可持续发展做出积极贡献，实现能源资源的有效利用和环境保护的双重目标。

再次，在多功能性设计中，可持续性还包括废物回收和循环利用措施的实施。设计师可以合理规划废物回收区域，设置可回收物和有害物品的分类回收箱，并鼓励读者参与垃圾分类和环保活动。此外，可以采用再生纸张和环保墨盒等环保材料，减少印刷和复印产生的废物，降低对环境的影响。通过这些废物回收和循环利用措施，图书馆可以推动绿色环保理念的普及和实践，促进社会对环保意识的提高，实现资源的可持续利用和循环利用。

最后，在多功能性设计中，可持续性也涉及环境保护和生态平衡的维护。设计师可以合理规划室内绿色植物区域，营造良好的室内空气质量和舒适的阅读环境，促进生态平衡的建立和维护。此外，可以开展环保教育活动，向社区居民宣传环保理念和行为，培养环保意识和习惯，促进社会的可持续发展和环境保护。通过这些环保措施的实施，图书馆可以成为可持续发展理念的倡导者和实践者，为社会环境保护和可持续发展做出积极贡献。

二、环境舒适度与绿色建筑的考量与应用

（一）环境舒适度与绿色建筑设计的考量

1. 舒适的光照、温度和空气质量

首先，在图书馆空间设计中，舒适的光照是提升读者使用体验的重要因素之一。设计师应该注重优质的采光设备的选择和合理规划窗户和天窗

的布置。充足的自然光线不仅可以提高室内的明亮度，减少用电照明的需求，还能促进读者的注意力集中和视觉体验，提升阅读和学习的效率和舒适度。通过科学合理的光照设计，图书馆可以营造出明亮、宜人的阅读环境，提高读者的阅读体验和满意度。

其次，在图书馆空间设计中，舒适的温度是确保读者舒适度的关键要素。设计师应合理配置空调系统和采用节能环保的空调设备，确保室内温度能够保持在舒适的范围内。同时，应注重温度的均衡性，避免出现局部温差过大的情况，影响读者在不同区域的使用体验。通过科学合理的温度控制和调节，图书馆可以为读者提供舒适、宜人的学习和阅读环境，营造出适合长时间学习的舒适温馨氛围。

最后，在图书馆空间设计中，舒适的空气质量是保障读者健康和安全的重要环节。设计师应注重通风系统的规划和布局，确保室内空气流通畅通，新鲜空气充足，有效排除室内污浊空气和有害物质。此外，应选择环保无污染的装饰材料和家具，避免有害物质对室内空气质量的影响。通过科学合理的空气质量控制和管理，图书馆可以为读者提供清新、健康的学习和阅读环境，提高读者的身心健康和全面发展。同时，通过开展室内植物绿化和空气净化活动，可以进一步提升室内空气质量，营造出舒适、宜人的阅读和学习氛围。

2. 绿色材料与设施的应用

首先，在图书馆的空间规划与设计中，绿色材料的应用是实现绿色建筑设计目标的重要手段之一。设计师应注重选择符合环保要求的建筑材料，如可再生木材、环保石材和再生金属等。这些绿色材料具有较低的碳排放和环境影响，可以有效减少对自然资源的消耗和破坏，促进可持续发展和绿色环保建设。此外，应注重绿色材料的安全性和健康性，避免有害物质对室内环境和读者健康的影响，营造出安全、健康的学习和阅读环境。

其次，在图书馆的空间规划与设计中，绿色设施的应用是实现绿色建筑设计目标的关键环节之一。设计师应注重选择符合环保要求的家具和装饰品，如环保沙发、环保地毯和环保墙纸等。这些绿色设施具有较低的挥发性有机化合物（VOC）排放和环境污染物释放，可以降低室内有害物质的含量和浓度，保障读者的健康和安全。同时，应注重绿色设施的耐久性和可维护性，延长使用寿命，减少资源的消耗和浪费，促进资源的循环利用和再利用。通过合理选择绿色材料和设施，可以提升图书馆的环境品质和建筑质量，实现绿色建筑和可持续发展的双重目标。

最后，在图书馆的空间规划与设计中，绿色材料与设施的应用需要注重整体性和系统性。设计师应注重绿色材料与设施的整合应用，营造出环保、健康、安全的学习和阅读环境。同时，应注重绿色材料与设施的更新换代和技术创新，不断引进和应用符合环保要求的新型材料和设施，提升图书馆的绿色建筑品质和可持续发展水平。通过系统性的绿色材料与设施应用，可以提高图书馆的环境品质和建筑质量，实现绿色建筑和社会可持续发展的良性互动和共赢局面。

3. 绿色建筑设计理念的应用

首先，在图书馆的空间规划与设计中，绿色建筑设计理念的应用是推动绿色建筑发展的核心内容之一。设计师可以采用太阳能光伏系统和太阳能热水系统，利用太阳能资源为图书馆提供清洁能源，降低能源消耗和碳排放。太阳能光伏系统可以将太阳能转化为电能，为图书馆提供清洁、可持续的电力供应，降低对传统能源的依赖，减少能源消耗和环境污染。太阳能热水系统可以将太阳能转化为热能，为图书馆提供清洁、高效的热水供应，降低热能消耗和能源浪费，提高能源利用效率和环保性能。

其次，在图书馆的空间规划与设计中，绿色建筑设计理念的应用可以包括设置雨水收集利用系统和绿色植物覆盖区域，促进自然水循环，改善室内空气质量和生态环境。设计师可以设置雨水收集系统，收集和储存雨水资源，用于灌溉绿化区域和冲洗卫生设施，降低自来水的消耗和污水的排放，促进水资源的节约和循环利用。同时，应注重绿色植物覆盖区域的规划和布局，增加绿色植物的种植密度和种类多样性，提高室内空气质量和生态环境的改善效果，营造出清新、健康的学习和阅读氛围。

最后，在图书馆的空间规划与设计中，绿色建筑设计理念的应用需要注重整体性和系统性。设计师应注重绿色建筑设计理念与空间布局的整合应用，营造出绿色、健康、安全的学习和阅读环境。同时，应注重绿色建筑设计理念的技术创新和应用发展，不断引进和应用符合环保要求的新型技术和设施，提高图书馆的绿色建筑品质和可持续发展水平。通过系统性的绿色建筑设计理念的应用，可以提高图书馆的环境品质和建筑质量，实现绿色建筑和社会可持续发展的良性互动和共赢局面。

（二）可持续性与绿色建筑设计的应用

1. 资源利用的最大化

为实现可持续性发展目标，图书馆的空间规划与设计应注重如何最大限度地利用资源，尽量减少浪费。设计师可以采用可再生材料制作家具和装饰品，降低对自然资源的消耗。此外，应鼓励读者参与废物回收和循环利用活动，促进废物资源的再利用，提高资源的利用效率，实现资源的循环利用和最大化利用。

2. 节能环保的设计策略

为促进绿色建筑的发展，图书馆的空间规划与设计应注重节能环保的设计策略。设计师可以采用节能灯具和智能照明系统，降低能源消耗和碳排放。同时，应合理规划室内照明和通风系统，提高能源利用效率，减少能源浪费，实现能源资源的可持续利用和环保节能的目标。通过节能环保的设计策略，可以降低图书馆的运行成本，提高能源利用效率，实现绿色建筑和可持续发展的双重目标。

3. 环保意识与行为的培养

为提升图书馆的可持续性和绿色环保水平，设计师可以通过开展环保教育活动和绿色建筑宣传活动，培养读者的环保意识和行为习惯。例如，可以组织环保讲座和绿色建筑展览活动，向社区居民宣传环保理念和绿色建筑知识，提高社会对环保问题的关注度和认知度，促进社会的可持续发展和绿色建筑实践。通过环保意识与行为的培养，可以推动社会环保文化的建设和发展，促进社会的绿色环保理念和行为习惯的形成和发展。

（三）环境舒适度与绿色建筑的实际应用

1. 健康舒适的室内环境营造

为提升读者的使用体验和舒适度，图书馆的空间规划与设计应注重健康舒适的室内环境营造。设计师可以选择健康环保的室内装饰材料和家具，营造安全、舒适的学习和阅读环境。同时，应合理规划室内绿色植物区域，提高室内空气质量和舒适度，促进读者的身心健康和全面发展。

2. 绿色建筑标准的认证与评估

为保障图书馆的绿色建筑质量和可持续性发展，设计师应注重绿色建筑标准的认证与评估。例如，可以申请 LEED（能源与环境设计领先）认证和评估，评估图书馆的绿色建筑水平和环保性能，促进绿色建筑标准的落实和实施，提升图书馆的环境舒适度和绿色建筑品质。

3. 可持续性发展目标的实现与落实

为促进图书馆的可持续性发展目标的实现与落实，设计师应注重制定可持续性发展规划和行动方案。例如，可以制定可持续性发展目标和行动计划，明确绿色建筑的建设目标和任务，促进绿色建筑策略的实施和落实，实现图书馆的可持续发展和绿色建筑目标。通过可持续性发展目标的实现与落实，可以提升图书馆的环境舒适度和绿色建筑品质，实现绿色建筑和社会可持续发展的良性互动和共赢局面。

第二节　多功能空间的合理配置与利用

一、多媒体展示空间的打造与利用

（一）多媒体展示墙的设计与布局

首先，在公共图书馆的多媒体展示空间设计中，多媒体展示墙的设计和布局是提升展示效果和吸引读者注意力的关键因素。设计师应深入了解图书馆的展示需求和读者群体的偏好，结合空间布局和展示技术的特点，制定详细的设计方案和布局规划，确保多媒体展示墙能够最大限度地展现图书馆的文化魅力和知识魅力。

其次，在多媒体展示墙的设计过程中，设计师需要考虑展示墙的尺寸和比例。多媒体展示墙的尺寸应根据图书馆空间的大小和布局来确定，既要满足读者观看和参与展示的需求，又要与整体空间环境相协调。此外，设计师应考虑多媒体展示墙的高度和宽度比例，以确保展示内容的清晰可见和良好的观赏效果，提升读者对展示内容的欣赏和理解。

再次，多媒体展示墙的位置设置也是设计中的重要考虑因素。设计师应根据图书馆的功能区划和读者流线，合理确定多媒体展示墙的位置，使其能够最大限度地覆盖读者活动区域和阅览空间，吸引读者的注意力和参与度。此外，应考虑多媒体展示墙与周边设施的协调性和统一性，使整个空间呈现出统一的展示风格和艺术效果，提升图书馆的整体美感和文化内涵。

最后，在多媒体展示墙的布局设计中，设计师应注重展示内容的更新和管理。多媒体展示墙的内容更新是吸引读者的重要手段，设计师应设计合理的展示内容更新机制和管理流程，确保展示内容的时效性和吸引力。同时，应注重多媒体展示墙的技术支持和维护管理，保障展示设备的稳定运行和良好效果，提升图书馆多媒体展示空间的可持续发展和艺术表现力。

（二）数字展示柜的功能与用途

首先，数字展示柜在公共图书馆多媒体展示空间中具有重要的功能和用途。设计师可以根据图书馆的藏品特点和展示需求，选择适合的数字展示柜，用于展示图书馆的珍贵文物、古籍文献和特藏资源。数字展示柜通过先进的展示技术和保护设备，可以有效保障展示物品的安全和完整性，防止其受到损坏和污染，同时提升读者对图书馆文化资源的认知和欣赏。

其次，数字展示柜在展示过程中应注重展示物品的选择和搭配。设计师可以根据展示主题和展示要求，精心选择和搭配数字展示柜中的展示物品，使其具有一定的历史文化和艺术价值，能够吸引读者的注意力和参与度。同时，应注重展示物品的文化解读和知识传承，为读者提供丰富多彩的文化体验和知识享受，促进图书馆文化资源的传承和发展。

再次，数字展示柜在设计和展示过程中需要注重保护措施和管理措施。设计师应考虑数字展示柜的安全防护和环境保护，设置专业的安全监控和气候控制设备，防止展示物品受到损坏和腐蚀，保障其长期保存和展示效果。同时，应建立完善的展示管理制度和文物保护规范，加强对展示物品的日常保养和管理维护，提高数字展示柜的使用寿命和展示效果，为读者提供一个安全、可靠的文化展示空间。

最后，数字展示柜的功能与用途还体现在其促进文化交流和知识传播方面。设计师可以通过数字展示柜展示丰富多彩的文化遗产和学术研究成果，吸引不同群体的读者参与展览和讨论，促进文化交流和知识传播。同时，可以结合数字展示柜举办相关的文化讲座和学术研讨会，组织专家学者和文化爱好者进行深入探讨和交流，促进文化创新和知识创造，提升图书馆多媒体展示空间的学术影响力和社会价值。

（三）多媒体展示活动的策划与组织

首先，图书馆可以通过策划数字文化展览活动，展示丰富多样的数字文化资源和历史文物收藏。设计师可以利用多媒体展示空间展示数字化的文物藏品、历史文献和艺术品作品，通过数字化技术和展示设备，展现文物的历史价值和艺术魅力，吸引读者深入了解文化遗产的价值和意义，促进文化遗产的传承和保护。

其次，图书馆可以举办多媒体艺术展示活动，展示当代艺术作品和艺术家的创作成果。设计师可以利用多媒体展示空间展示绘画作品、摄影作品和数字艺术作品，通过多媒体技术和展示设备，呈现艺术作品的艺术价值和创作魅力，吸引读者欣赏艺术的美感和创新，促进艺术文化的传播和推广。

再次，图书馆可以举办科技创新论坛活动，促进科学技术的交流和合作。设计师可以利用多媒体展示空间展示科技创新成果、科学研究成果和技术应用成果，通过多媒体技术和展示设备，展现科技成果的科学价值和社会意义，吸引读者了解科技创新的发展和应用，促进科技文化的传播和应用。

最后，图书馆可以邀请专业人士和学者参与多媒体展示活动的策划和组织。设计师可以与文化艺术机构、科研院校和创新企业合作，邀请专家学者和行业精英参与多媒体展示活动的策划和组织，举办专题讲座和学术研讨会，深入探讨文化艺术和科技创新的前沿问题，促进学术交流和知识共享，提升图书馆的学术影响力和社会地位。

二、学习与创作空间的开放与共享

（一）开放式学习空间的设立与管理

首先，公共图书馆应设立开放式学习空间，为读者提供一个自由学习和研究的开放环境。设计师可以结合图书馆的功能定位和读者群体特点，合理规划学习区域的布局和功能划分，设置不同类型的学习桌椅和阅览区域，提供多样化的学习环境和场所选择，满足读者不同学习习惯和学习需求，促进读者的学习积极性和学习效率，提升图书馆学习空间的开放性和灵活性。

其次,公共图书馆应加强学习空间的管理和服务,为读者提供全方位的学术资源和技术支持。设计师可以配备专业的图书馆管理员和学术顾问,负责学习空间的管理和服务,提供信息咨询和学术指导,引导读者合理利用学习资源和学术设施,提升学习空间的服务质量和学术水平,满足读者的学习需求和学术咨询需求,提高图书馆学习空间的知名度和影响力。

再次,公共图书馆应提供先进的学习设施和学术设备,满足读者的学习和研究需求。设计师可以配备先进的学习桌椅和电子阅览设备,提供高速网络和电子资源服务,促进数字化学习和在线研究,提升学习空间的信息化水平和学术研究能力,为读者提供便利的学习环境和高效的学术支持,促进图书馆学习空间的学术交流和学术合作,提高图书馆学习空间的学术影响力和社会地位。

最后,公共图书馆应注重学习空间的开放性和共享性,营造一个开放包容、共享互助的学术氛围。设计师可以组织丰富多彩的学术活动和学术讲座,鼓励学术交流和学术合作,促进学术资源的共享和学术成果的传播,提升学习空间的学术声誉和学术价值,为读者提供一个开放、包容的学术平台,促进学术创新和学术发展,提高图书馆学习空间的学术影响力和社会地位。

(二)创意工坊的建设与运营

首先,公共图书馆在创意工坊的建设中应注重配备先进的创作设备和工具,为读者提供一个专业的创作环境和设施支持。设计师可以选择适合不同创作需求的创作设备,如 3D 打印机、激光雕刻机和多媒体工作站等,为读者提供多样化的创作选择和技术支持,促进读者的创意发展和创新能力,提升创意工坊的专业性和学术水平,为读者提供一个艺术创作的理想场所和创意平台。

其次,公共图书馆在创意工坊的运营中应开展创意培训和活动,促进读者的创作能力和创新思维。设计师可以组织创意工坊的相关培训课程和工作坊活动，邀请专业艺术家和设计师担任讲师和导师，为读者提供专业的创作指导和艺术指导，激发读者的创作热情和艺术潜能，提高创意工坊的艺术氛围和创意氛围，促进艺术创作和艺术交流，提升图书馆的文化影响力和学术地位。

再次，公共图书馆可以开展创意比赛和展览活动，激发读者的创作热情和艺术潜能。设计师可以组织创意比赛和艺术展览，邀请读者参与创意比赛和创意展览，展示读者的创作成果和艺术作品，促进创意交流和艺术分享，营造出一个充满活力和创新的学术文化氛围，提升创意工坊的知名度和影响力，为读者提供一个艺术创作和艺术交流的专业平台，促进文化创新和文化发展。

最后，公共图书馆应加强创意工坊的管理和服务，提供专业的艺术指导和技术支持。设计师可以配备专业的艺术顾问和创意导师，负责创意工坊的日常管理和服务，为读者提供艺术咨询和创作指导，引导读者合理利用创作设备和创作资源，提高创作效率和创作质量，提升创意工坊的艺术水平和学术声誉，为读者提供一个艺术创作和艺术交流的专业平台，促进文化创新和文化发展。

三、社交与互动空间的促进与优化

（一）舒适休息区的设计与营造

首先，公共图书馆的舒适休息区设计应注重舒适的座椅和家具布置，为读者提供一个舒适放松的休息环境。设计师可以选择符合人体工程学的沙发和休闲座椅，配备柔软的靠垫和舒适的躺椅，提供舒适的躺卧和静坐体验，促进读者的放松和休憩。同时，可以根据休息区的空间大小和布局，合理安排座椅的摆放和间距，创造出一个宽敞明亮、通风舒适的休息空间，提高休息区的舒适度和宜人性，满足读者不同的休息需求和休闲期待。

其次，公共图书馆的舒适休息区设计应注重舒适的阅读灯光和环境氛围营造。设计师可以采用柔和温暖的灯光设计，提供舒适明亮的阅读环境，帮助读者集中注意力和放松心情，促进阅读体验和阅读效果。同时，可以配备舒适的阅读桌椅和灯具设施，为读者提供专业的阅读设备和阅读服务，提高休息区的阅读舒适度和阅读效果，满足读者对阅读空间和阅读体验的需求和期待，营造一个宜人的阅读环境和学习氛围。

再次，公共图书馆的舒适休息区设计应注重舒适的饮品服务和休闲娱乐设施设置。设计师可以提供饮品服务区和咖啡厅设施，为读者提供咖啡和茶水等饮品服务，促进读者的休闲和交流体验。同时，可以设置休闲娱乐设施，如棋牌桌、益智游戏区和休闲阅读区，为读者提供多样化的休闲娱乐选择和活动体验，提高休息区的休闲度和娱乐性，满足读者对休闲空间和休闲体验的需求和期待，营造一个愉悦的休息环境和社交氛围。

最后，公共图书馆的舒适休息区设计应注重空间布局和功能设置的合理性和多样性。设计师可以根据休息区的空间特点和读者群体的需求，合理规划休息区的功能分区和空间布局，划分出不同功能的休息区域和活动区域，为读者提供多样化的休息选择和活动体验，提高休息区的功能性和多样性，满足不同读者群体的需求和偏好，营造一个多元化的休息环境和社交氛围，提升图书馆社交空间的舒适度和宜人性。

（二）文化讲座活动的组织与开展

首先，公共图书馆在组织文化讲座活动时应注重主题设置和讲座内容的策划与设计。设计师可以根据读者群体的特点和需求，确定丰富多彩的主题内容，如文学经典解读、艺术创作分享、历史文化探索等，吸引读者的兴趣和关注。同时，可以邀请知名学者和专业人士参与讲座的策划和组织，提供专业的讲解和深度的解读，促进读者对文化艺术和学术知识的深入了解和欣赏。

其次，公共图书馆在开展文化讲座活动时应注重宣传推广和活动策划的执行与监控。设计师可以通过多种渠道和媒体进行宣传推广，如海报宣传、网络推送和社交媒体宣传等，提高活动的知名度和影响力。同时，应加强活动策划的执行与监控，组织专业团队和工作人员负责活动的策划和组织工作，确保讲座活动的顺利开展和有效管理，提高图书馆活动的执行效率和推广效果。

再次，公共图书馆在组织文化讲座活动时应注重互动交流和读者参与的营造与促进。设计师可以设置互动环节和问答环节，为读者提供参与讨论和提问的机会，促进读者与专家学者的互动交流和知识分享，激发读者的思考和创新。同时，可以组织读者反馈和评估，了解读者对讲座活动的意见和建议，不断改进活动策划和组织工作，提高图书馆讲座活动的互动性和参与性，营造一个积极活跃的学术交流和文化分享平台。

最后，公共图书馆在开展文化讲座活动时应注重活动效果和社会影响的评估与总结。设计师可以组织活动评估和效果检测，收集读者反馈和意见，了解活动效果和社会影响，为图书馆活动的改进和提升提供参考和建议。同时，可以总结活动经验和教训，归纳活动成功和失败的原因，为今后的讲座活动策划和组织提供经验和借鉴，提高图书馆文化讲座活动的效果和影响力，推动图书馆社交空间的文化传承和学术传播。

（三）社区活动策划与执行

首先，公共图书馆在策划社区活动时应注重社区需求和社区参与的调研与分析。设计师可以进行社区调研和问卷调查，了解社区居民的文化需求和社会关注，分析社区文化特点和社会问题，为社区活动的策划和设计提供基础数据和信息支持。同时，应鼓励社区居民参与活动策划和执行，建立社区活动策划小组和志愿者团队，促进社区居民的参与意识和主体作用，提高社区活动的可持续性和社区参与度。

其次，公共图书馆在执行社区活动时应注重活动内容和活动形式的创新与实践。设计师可以根据社区特点和活动需求，确定丰富多样的活动内容，如文化讲座、艺术展览和社区义工服务等，满足社区居民对文化教育和社会服务的需求，促进社区居民的文化素养和社会责任感。同时，应尝试创新活动形式和活动方式，如户外座谈会、社区义修活动和社区艺术节等，拓展社区活动的影响范围和社会效果，提高社区活动的吸引力和参与度。

再次，公共图书馆在策划社区活动时应注重活动推广和社区影响力的提升与扩大。设计师可以通过社区宣传和社交媒体推送等方式进行活动推广，提高社区活动的知名度和影响力，吸引更多社区居民参与活动和支持活动。同时，应加强社区居民的反馈和意见收集，了解社区居民对活动的评价和建议，不断改进活动策划和执行工作，提高社区活动的参与性和影响力，促进社区文化建设和社会和谐发展。

最后，公共图书馆在执行社区活动时应注重活动效果和社会效益的评估与总结。设计师可以组织活动评估和效果检测，收集社区居民的反馈和意见，了解活动效果和社会效益，为活动的改进和提升提供参考和建议。同时，可以总结活动经验和教训，归纳活动成功和失败的原因，为今后的社区活动策划和执行提供经验和借鉴，提高社区活动的可持续性和社会影响力，促进社区文化建设和社会和谐发展。

第三节 科技设备与工具的应用创新

一、先进科技设备在图书馆服务中的应用

公共图书馆应不断引入先进的科技设备，如智能图书检索系统、数字化阅读设备等，以提升图书馆的服务效率和质量。此外，可以利用人工智能技术提供个性化的推荐服务和信息咨询，为读者提供更精准和便捷的图书馆服务体验。

（一）智能图书检索系统的应用

智能图书检索系统是公共图书馆中应用广泛的先进科技设备之一。该系统通过结合物联网技术和大数据分析，使读者能够快速、准确地检索到所需图书信息。其工作原理包括建立图书索引数据库、利用 RFID（射频识别）技术对图书进行标识和定位、通过数据分析和机器学习优化检索算法等。

1. 图书索引数据库的构建与管理

在构建过程中，图书馆需对馆藏图书进行全面的分类整理，并建立相应的数据库系统，包括图书的主题、分类、作者、出版时间等信息。这些信息的准确记录与分类对后续的智能检索和推荐服务至关重要。管理阶段，图书馆需要定期更新和维护数据库，及时添加新进图书信息，淘汰旧版图书数据，保证数据库的及时性和准确性。

2. RFID 技术在图书标识与定位中的应用

智能图书检索系统利用 RFID 技术对图书进行标识与定位，从而实现图书的快速定位与检索。具体实施过程中，图书馆将每本图书附着 RFID 标签，通过 RFID 阅读器可以实时获取图书的位置信息。这项技术的应用大大提高了图书馆内图书的管理效率，避免了传统的手工检索过程，为读者提供了更快速、便捷的图书检索体验。

3. 数据分析与机器学习优化检索算法

智能图书检索系统依靠数据分析和机器学习优化检索算法，不断提升检索效率和准确性。通过对读者的检索行为、借阅历史、关注图书主题等数据进行分析，系统能够不断优化检索算法，提供更符合读者需求的图书推荐。同时，系统还能分析热门图书的借阅趋势和流行度，指导图书馆采购更合理的图书资源，提升馆藏书的实用性和吸引力。

4. 实时更新图书馆藏书信息的重要性

智能图书检索系统通过实时更新图书馆藏书信息，为读者提供最新的图书馆资源动态。这种实时更新使读者能够第一时间了解到新进图书、热门图书的借阅情况以及图书馆举办的各类阅读活动和展览信息。同时，图书馆也可以根据实时数据调整馆藏书的布局和推荐策略，提供更贴合读者需求的图书资源，增强图书馆的吸引力和竞争力。

（二）数字化阅读设备的运用

数字化阅读设备的应用为图书馆的服务带来了新的便利和灵活性。这些设备包括电子阅读器、智能手机、平板电脑等。

1. 电子阅读器的特点与适用性

电子阅读器作为数字化阅读设备的重要组成部分，具有便携、轻薄、电池续航能力强等特点。图书馆在选择电子阅读器时需要考虑其屏幕大小、显示效果、电池续航时间等因素，以满足读者在长时间阅读过程中的舒适体验。另外，考虑到不同读者的阅读习惯和喜好，图书馆还可以提供不同型号和品牌的电子阅读器，以便读者选择适合自己阅读需求的设备。

2. 智能手机与平板电脑在阅读服务中的应用

智能手机和平板电脑作为常用的数字化阅读设备，也广泛应用于图书馆的阅读服务中。它们便于携带和操作，支持多种阅读软件和格式，使得读者可以随时随地进行数字化阅读。图书馆可以安装各类阅读软件和资源平台，为读者提供丰富的数字图书馆资源，满足读者多样化的阅读需求。同时，图书馆还可以利用智能手机和平板电脑开展阅读推广活动和在线阅读讲座，扩大图书馆的社会影响力和知识普及度。

3. 数字化阅读设备的维护与更新

为了保障数字化阅读设备的正常运行和服务效果，图书馆需要定期进行设备的维护和更新。维护工作包括定期清洁屏幕、检查电池寿命、更新软件版本等，以确保设备的良好使用状态和阅读体验。另外，随着科技的不断发展，图书馆需要不断更新和升级数字化阅读设备，引入更先进、更高性能的设备，为读者提供更加舒适、便捷的阅读体验，推动图书馆数字化服务水平的不断提升。

（三）人工智能技术的个性化推荐服务

1. 基于协同过滤算法的推荐系统

在图书馆中应用协同过滤算法进行个性化推荐是一种常见的方法。该算法通过分析不同读者之间的阅读行为和偏好，找到相似读者间的偏好关联，从而推荐给目标读者与其偏好相似的图书资源。图书馆可以根据读者的历史借阅记录和阅读行为，建立个性化的推荐模型，为读者推荐可能感兴趣的图书类型和内容。此外，图书馆还可以通过不断优化算法，提高推荐的精准度和准确性，为读者提供更具有针对性的阅读推荐服务。

2. 基于内容过滤算法的推荐系统

内容过滤算法是另一种常用的个性化推荐算法，通过分析图书的内容特征和标签信息，为读者推荐与其阅读偏好相关的图书资源。图书馆可以利用图书的分类、主题、作者、出版社等信息，建立图书内容的特征模型，从而为读者推荐与其阅读兴趣相关的图书资源。此外，图书馆还可以根据读者的个人喜好和阅读习惯，不断调整内容过滤算法的权重和参数，优化推荐结果的准确性和多样性，提高读者对推荐服务的满意度和信赖度。

3. 混合推荐算法的综合应用与效果评估

为了进一步提高个性化推荐服务的效果和质量，图书馆可以尝试采用混合推荐算法进行综合应用。混合推荐算法结合了协同过滤算法和内容过滤算法的优势，可以更加全面地分析读者的阅读偏好和行为模式，为读者提供更全面、多样化的图书推荐服务。图书馆可以通过实际应用和效果评估，不断优化混合推荐算法的参数和模型，提升推荐结果的精准度和个性化程度，提高图书馆个性化推荐服务的实用性和满意度。

二、虚拟现实与增强现实技术在阅读体验中的运用

（一）虚拟阅读体验的沉浸式环境

1. 虚拟图书馆环境的建立与设计

为了营造沉浸式的阅读体验，公共图书馆需精心设计虚拟图书馆环境。这包括利用虚拟现实技术构建逼真的图书馆场景，考虑到场景的布局、设计、氛围等因素，让读者在虚拟环境中感受到身临其境的阅读氛围。同时，图书馆还可以根据不同类型的读者需求，设计不同风格的虚拟图书馆环境，如青少年阅读区、学术研究区等，为不同群体的读者提供个性化的阅读体验。

2. 沉浸式阅读体验对阅读效果的影响分析

沉浸式阅读体验对读者的阅读效果有着积极的影响。通过沉浸式的阅读体验，读者可以更加专注地沉浸在阅读世界中，减少外界干扰，提高阅读的深度和质量。研究表明，沉浸式阅读可以提升读者的阅读理解能力、记忆力以及对文本情感的体验。因此，建立沉浸式的虚拟阅读环境不仅可以提升读者的阅读体验，还有助于提高读者的阅读效率和阅读成果，推动读者的阅读习惯形成和知识水平提升。

3. 虚拟阅读体验技术的更新与发展趋势

随着虚拟现实技术的不断发展，虚拟阅读体验技术也在不断更新与完善。图书馆可以关注虚拟现实技术的最新发展，引入更先进的虚拟现实设备和应用，为读者提供更加真实、逼真的阅读体验。同时，图书馆还可以结合人机交互技术、感知技术等，不断扩展虚拟阅读体验的边界，创造更加多样化、个性化的阅读体验，提升图书馆的服务品质和竞争力。

（二）虚拟图书浏览的交互体验

1. 虚拟图书浏览技术的应用案例分析

虚拟图书浏览技术在图书馆中的应用案例丰富多样。图书馆可以利用

虚拟现实技术构建数字化的图书馆场景，为读者提供全景式的图书浏览体验，让读者可以自由浏览和选择图书资源。另外，图书馆还可以结合三维影像技术和交互式界面设计，为读者提供更加直观、灵活的图书选择体验，提高图书馆资源的利用率和借阅率。

2.虚拟图书浏览体验对读者阅读习惯的影响评估

对虚拟图书浏览体验对读者阅读习惯的影响进行评估是了解其效果的重要途径。通过针对读者进行调研和访谈，可以了解到虚拟图书浏览技术对读者的阅读偏好、倾向以及阅读行为的影响。基于评估结果，图书馆可以进一步优化虚拟图书浏览技术的应用，提升其在提高读者阅读积极性、促进阅读深度的方面的效果，从而为读者提供更加便捷、高效的图书选择服务。

3.虚拟图书浏览技术与图书馆数字资源管理的整合

虚拟图书浏览技术与图书馆数字资源管理系统的整合有助于提升图书馆数字化服务水平。图书馆可以利用虚拟图书浏览技术为读者提供更加直观、便捷的图书资源检索与借阅体验。同时，图书馆还可以将虚拟图书浏览技术与图书馆的数字化资源管理系统相结合，实现图书馆资源的全面数字化管理和服务，提高图书馆的信息化程度和服务效率。

（三）交互式学习活动的开展与推广

1.虚拟实验室的建设与应用

借助虚拟现实技术，公共图书馆可以建设虚拟实验室，为读者提供更加身临其境的学习体验。虚拟实验室可以模拟各种科学实验场景，让读者可以在虚拟环境中进行科学实验操作与探索，提高读者的实践能力和科学素养。同时，虚拟实验室还可以结合互动教学模式，为读者提供个性化的实验指导与辅助，促进读者对科学知识的深入理解与掌握。

2.虚拟历史场景的再现与探索

利用虚拟现实技术，公共图书馆可以再现各种历史场景，为读者提供沉浸式的历史学习体验。通过虚拟历史场景的再现，读者可以仿佛穿越时空，亲身体验历史事件的发生与演变，深入了解历史文化背景与社会变迁。图书馆可以结合多媒体资料、文献档案等资源，打造丰富多样的虚拟历史学习场景，为读者提供全面、深入的历史学习与探索体验。

3.虚拟现实技术在阅读教育中的意义与作用

虚拟现实技术在阅读教育中具有重要的意义与作用。它不仅为读者提供了更加直观、生动的学习体验，同时也激发了读者的学习热情和求知欲望。通过虚拟现实技术的应用，图书馆可以开展丰富多样的阅读教育活动，提供多元化、趣味化的阅读教育资源，促进读者的多方面素养和能力的全面发展。同时，虚拟现实技术的应用还能够拓展图书馆的教育功能和社会影响力，为社会培养更多的阅读人才和知识精英，推动阅读教育事业的全面发展与创新。

三、创新科技工具对图书馆空间服务的增值与拓展

（一）增强现实导航服务的提供

1.增强现实技术在图书馆导航系统中的应用案例分析

首先，值得注意的是，增强现实技术在图书馆导航系统中的应用案例已经在一些先进的图书馆中得到了成功应用。例如，某些大型图书馆利用增强现实技术结合室内定位系统，为读者提供了精准的导航服务。通过在读者的智能设备上展示图书馆内部的虚拟导航地图，并结合实时定位功能，读者可以准确地了解自己所处的位置以及所需图书资源的具体位置。这种精准的导航服务大大缩短了读者寻找书籍的时间，提高了服务效率，为读者提供了更加便捷的阅读体验。

其次，增强现实技术在图书馆导航系统中的应用还涉及对图书馆内部空间布局的数字化重构。通过建立数字化的导航平台，图书馆可以将图书

馆内部的空间结构、书架位置、服务区域等信息以数字化形式展示，为读者提供直观的空间布局信息。这种数字化重构不仅为读者提供了全面、立体的图书馆空间信息，也为图书馆的管理与运营提供了可靠的空间数据支持，有助于进一步优化图书馆的空间布局和服务流程，提升图书馆的管理效率和服务质量。

最后，增强现实技术在图书馆导航系统中的应用还对图书馆服务的用户体验和满意度产生了积极影响。通过提供精准的导航服务，增强现实技术不仅节省了读者寻找书籍的时间，也降低了读者的阅读成本，提高了图书馆服务的便利性和效率。同时，精准的导航服务还提升了读者对图书馆服务的满意度和依赖度，增强了读者对图书馆的信任感和归属感。因此，图书馆应该进一步发展和完善增强现实导航系统，提升图书馆服务的智能化水平，为读者提供更加便捷、舒适的阅读空间和服务环境。

2.增强现实导航服务对图书馆空间布局的优化影响评估

首先，评估增强现实导航服务对图书馆空间布局的优化影响需要考虑读者的实际体验和感受。通过采集读者的反馈数据，可以了解他们在使用增强现实导航服务时的满意度和体验感受。例如，可以针对不同年龄段、阅读偏好、借阅习惯等不同读者群体展开调查研究，探索他们对增强现实导航服务的接受程度和使用意愿，从而评估增强现实导航服务在图书馆空间布局优化中的影响程度。

其次，评估增强现实导航服务对图书馆空间布局的优化影响还需要考虑图书馆内部服务流程的改善和提升。通过分析增强现实导航服务在图书馆内部服务流程中的应用情况，可以评估其对图书馆空间布局和服务功能的改善效果。例如，可以观察增强现实导航服务在图书馆内部书架布局、阅览区域设置、借还书流程等方面的影响，以及对图书馆服务效率和服务质量的提升效果，从而评估其在图书馆空间布局优化中的实际应用效果。

最后，评估增强现实导航服务对图书馆空间布局的优化影响还需要考虑其对图书馆管理与运营的支持作用。通过分析增强现实导航服务在图书馆内部管理系统中的应用情况，可以评估其对图书馆管理效率和服务质量的提升效果。例如，可以观察增强现实导航服务在图书馆内部资源管理、服务调配、人员布局等方面的应用情况，以及对图书馆管理流程和服务功能的优化效果，从而评估其在图书馆空间布局优化中的实际管理支持作用。

3.增强现实导航服务的发展趋势与未来展望

首先，随着增强现实技术的不断发展和应用，增强现实导航服务在图书馆领域将呈现出更加智能化和个性化的发展趋势。未来，图书馆可以结合人工智能技术，建立智能化的导航系统，通过对读者行为和偏好数据的分析，为读者提供个性化的导航推荐服务。例如，根据读者的阅读偏好和借阅记录，系统可以提供针对性的导航指引，帮助读者更快速地找到所需的图书资源，提升导航服务的精准性和智能化水平。

其次，增强现实导航服务的未来发展还将涉及定位技术的不断创新与完善。随着定位技术的不断发展和应用，图书馆可以引入更加精准和可靠的定位技术，提升增强现实导航服务的定位准确性和稳定性。例如，利用高精度定位技术，可以实现对图书馆内部空间的精确定位和定向导航，为读者提供更加精准和便捷的导航服务体验，提升图书馆导航服务的质量和效率。

最后，增强现实导航服务在图书馆领域的未来发展还将涉及服务拓展与社会影响力的提升。除了为读者提供精准的导航服务外，图书馆还可以拓展增强现实导航服务的应用领域，将其应用于图书馆的文化活动推广、阅读推广等方面。例如，可以利用增强现实导航服务为读者提供图书馆文化活动的导览服务，提升读者对图书馆文化活动的参与度和体验感受，增强图书馆的社会影响力和服务水平。此外，可以利用增强现实导航服务推广图书馆的特色资源和文献珍藏，提升读者对图书馆文献资源的认知度和利用率，促进读者对图书馆服务的依赖度和满意度。

（二）增强现实展示活动的丰富多样性

1.增强现实技术在图书馆展示活动中的创新应用模式

首先，图书馆利用增强现实技术开展丰富多样的展示活动为读者提供了全新的文化体验。通过增强现实技术，图书馆可以将著名文物、珍贵手稿、历史文献等以虚拟形式展示在读者面前，使得读者可以通过虚拟现实技术近距离观赏、了解这些文化遗产和历史文化的价值。例如，利用增强现实技术，图书馆可以打造虚拟的展示空间，让读者仿佛置身于历史文物的展览场景中，通过视觉和听觉等多种感官体验，加深对文物背后历史文化的理解和认知。

其次，增强现实技术在图书馆展示活动中的创新应用模式还促进了文化遗产的保护和传承。通过利用增强现实技术将文化遗产以数字化形式展示在读者面前，图书馆不仅提高了文化遗产的曝光度和传播效果，同时也保护了文化遗产的原貌和完整性。例如，通过数字化的展示形式，可以有效降低文物被损坏和丢失的风险，延长文物的展示寿命，为后代传承提供了可靠的文化遗产资源。

最后，增强现实技术在图书馆展示活动中的创新应用模式还促进了文化教育与科普教育的深入开展。通过增强现实技术，图书馆可以为读者提供丰富多彩的文化教育活动和科普教育活动，激发读者对文化和历史的兴趣和探索欲望。例如，可以利用增强现实技术开展互动式的文化知识普及活动，让读者在互动体验中深入了解文化遗产的背后故事和历史背景，提高读者对文化遗产保护的认知和重视程度。此外，通过增强现实技术开展科普教育活动，可以帮助读者更直观地了解科学知识和文化知识，提升读者的科学素养和文化素养水平，促进社会的全面发展与进步。

2.增强现实展示活动对读者文化素养的影响评估

首先，对增强现实展示活动对读者文化素养的影响进行评估，需要考虑参与读者的文化认知水平和文化鉴赏能力的提升情况。通过对参与增强现实展示活动的读者进行问卷调查和深度访谈，可以了解他们在参与展示活动后对文化遗产的理解和认知程度是否提升，以及对展示文物和历史文献的鉴赏能力是否得到提升。评估结果可以帮助图书馆了解增强现实展示活动对提升读者文化素养的具体效果，为未来的文化教育活动提供重要的参考依据。

其次，评估增强现实展示活动对读者文化素养的影响还需考虑读者参与活动后的文化知识积累和学习态度变化情况。通过对参与活动的读者进行文化知识测试和学习态度调查，可以了解他们在参与增强现实展示活动后对文化知识的掌握程度和学习态度的改变情况。评估结果可以帮助图书馆了解增强现实展示活动对读者文化知识积累和学习态度的影响程度，为未来的文化教育活动的设计和策划提供有益的借鉴和指导。

最后，评估增强现实展示活动对读者文化素养的影响还需考虑活动参与者对文化遗产保护和传承的认知和态度变化情况。通过对参与活动的读者进行意见调查和观点收集，可以了解他们对文化遗产保护和传承的重视程度是否提升，以及对文化遗产保护意义的认知和理解程度是否加深。评估结果可以帮助图书馆了解增强现实展示活动对读者文化遗产保护意识的影响程度，为未来的文化传承和保护工作提供重要的参考和支持。

3. 增强现实技术在图书馆文化活动中的可持续发展策略探讨

首先，增强现实技术在图书馆文化活动中的可持续发展，图书馆可以加强与科研机构、高校等的合作，共同推进增强现实技术在文化活动中的应用研究与创新。通过建立科研合作项目、共享研究成果和技术资源，图书馆可以借助科研机构和高校的专业优势，提升增强现实技术在文化活动中的应用水平和创新能力，促进增强现实技术与文化服务的有机融合与创新发展。

其次，图书馆可以加强人才培养与队伍建设，提升图书馆工作人员的专业能力和技术水平。通过组织培训课程、学术交流会议等活动，图书馆可以提升工作人员对增强现实技术的理解和掌握程度，提高其在文化活动中的应用能力和创新能力。同时，可以拓展人才队伍建设，引进具有相关专业背景和技术经验的人才，为图书馆增强现实技术应用的发展提供人力保障和支持。

最后，图书馆可以加大对增强现实技术应用的投入与支持力度，加强设备更新与维护，确保增强现实技术在图书馆文化活动中的持续稳定运行。通过合理规划资金投入和技术支持，图书馆可以定期更新和维护增强现实技术设备，保证其性能和功能的稳定性和可靠性，为读者提供高质量、高效率的文化服务体验。同时，可以建立完善的技术保障和服务机制，及时解决设备故障和技术问题，确保图书馆增强现实技术应用的持续运行和发展。

除此之外，图书馆可以开展社会宣传与推广活动，提升公众对增强现实技术应用的认知度和接受度，扩大其在社会文化领域中的影响力和知名度。通过举办展览、讲座、讨论会等形式的宣传推广活动，图书馆可以向公众介绍增强现实技术的应用价值和意义，展示其在文化活动中的丰富应用场景和实际效果，促进公众对增强现实技术应用的深入理解和认同。通过社会宣传与推广活动，可以扩大公众对图书馆文化服务的认知度和支持度，促进图书馆文化服务的可持续发展与提升。

第三章　公共图书馆读者服务的创新实践

第一节　个性化服务与精细化管理

一、读者需求分析与个性化服务策略的制定

在公共图书馆的服务创新实践中，深入分析读者的需求是提供个性化服务的关键。通过开展定期的调研和问卷调查，图书馆可以了解读者的阅读偏好、文化需求以及信息获取方式偏好等方面的信息。基于这些信息，图书馆可以制定针对不同读者群体的个性化服务策略，为读者提供更加贴心和精准的服务体验。

（一）定制化阅读推荐

1. 数据分析技术的应用

为了更好地了解读者的阅读偏好，图书馆可以运用先进的数据分析技术。通过对读者的借阅历史、阅读时长、关键词检索记录等数据的深度挖掘，图书馆可以建立起详尽的读者档案，了解其喜好、偏好以及可能感兴趣的领域。

2. 智能推荐算法的设计

在建立了充分的读者档案后，图书馆可以采用智能推荐算法。这些算

法可以分析大量的数据，预测读者可能感兴趣的图书、期刊或其他阅读材料。通过考虑多个因素，如主题、风格、作者等，系统能够为每位读者生成个性化的阅读推荐列表，提高阅读材料的命中率。

3. 定期更新与优化

阅读偏好是一个动态变化的过程，因此，定制化阅读推荐系统需要定期更新。图书馆可以通过设定更新频率，确保推荐系统始终反映读者最新的兴趣。同时，通过引入反馈机制，读者可以对推荐结果进行评价，系统可以根据反馈信息进行优化，提高推荐的准确性和个性化水平。

（二）定制化文化活动策划

1. 读者兴趣分析与活动主题设计

通过定期的读者调查和兴趣分析，图书馆可以深入了解不同群体的文化兴趣。这有助于制定更加贴合读者口味的文化活动。例如，如果某个群体对历史感兴趣，可以策划与历史相关的展览和讲座。

2. 多元化活动形式

图书馆可以通过多元化的活动形式来满足不同读者的需求。除了传统的讲座和展览，还可以引入创新的文艺演出、互动体验活动等。这样的多元化策划不仅能够提高文化活动的吸引力，也能够吸引更广泛的读者参与。

3. 社区参与与合作

与社区建立紧密联系，了解居民的文化需求，可以帮助图书馆更好地策划活动。同时，与当地文化机构、艺术团体等建立合作关系，共同推动文化活动的丰富多彩。

通过定制化阅读推荐和文化活动策划，公共图书馆可以更好地满足读者的个性化需求，提高图书馆服务的针对性和吸引力。这不仅有助于提升读者的满意度，还有利于图书馆在社区中建立更加积极的形象。

二、读者服务质量监控与持续改进机制的建立

为了确保个性化服务的质量和效果，公共图书馆应建立完善的读者服务质量监控与持续改进机制。通过建立服务评价体系，可以定期对图书馆的服务质量进行评估和监控，了解读者对服务的满意度和建议意见。

（一）定期服务评估

1.评估计划的建立

为了确保服务质量的监控，图书馆应该建立详细的评估计划。这包括明确定期的评估频率、评估的具体内容和评估的方法。通过科学合理的评估计划，图书馆可以全面了解服务的情况，为制定改进措施提供依据。

2.匿名问卷的设计

利用匿名问卷是一种广泛采用的评估方法。图书馆可以设计涵盖服务方面的问卷，包括图书借阅、阅读环境、文化活动等。通过问卷收集的数据，图书馆可以了解读者的满意度和不满意的方面，为服务改进提供线索。

3.用户反馈机制

除了定期的评估计划，图书馆还应该建立用户反馈的渠道。这可以包括设立反馈专区，鼓励读者随时提出建议和意见。通过这种实时的用户反馈机制，图书馆可以更迅速地捕捉到问题，并及时做出调整和改进。

（二）快速反馈机制

1.在线反馈平台

图书馆可以建立在线反馈平台，使读者能够随时随地提交反馈。这可以通过图书馆的官方网站、移动应用程序等渠道实现。在线反馈平台应简便易用，鼓励读者积极参与。

2.反馈邮箱设置

图书馆还可以设立专门的反馈邮箱，接收读者的邮件反馈。通过邮箱

收集的反馈信息有助于深入了解读者的具体问题和建议。图书馆应确保及时回复，表达对读者反馈的重视。

3.定期反馈沟通

除了收集反馈，图书馆还可以定期与读者进行反馈沟通。这可以通过组织读者座谈会、专题讨论等形式进行。定期的反馈沟通有助于图书馆与读者建立更加紧密的关系，促进问题的深入解决。

通过定期服务评估和快速反馈机制的建立，公共图书馆能够及时了解读者的需求和意见，不断优化服务质量，提高读者满意度。这不仅有助于图书馆在竞争激烈的信息服务领域中保持竞争力，也为图书馆提供了与读者互动的有效途径。

三、读者关系管理系统的建设与运用

为了更好地管理和维护与读者之间的关系，公共图书馆可以建立完善的读者关系管理系统。通过建立读者档案和信息数据库，图书馆可以全面记录读者的借阅记录、阅读偏好、参与活动情况等信息，建立个性化的读者画像。

（一）个性化服务记录

1.定制化阅读推荐历史的记录

首先，建立个性化推荐的数据收集系统。图书馆可以通过建立先进的数据收集系统，记录读者的个性化阅读推荐历史。这包括建立用户个人档案，收集他们的阅读历史、点击记录、借阅记录等信息。这个系统应该能够实时更新，确保推荐历史的准确性。

其次，利用智能算法进行推荐。图书馆可以采用先进的智能算法，通过对读者行为和喜好的分析，为每位读者生成个性化的阅读推荐。这些算法可以考虑多方面的因素，如阅读频率、阅读时段、偏好的文体等，以确保推荐的准确性和实用性。

再次，建立读者反馈机制。在个性化推荐系统中，设立读者反馈通道是至关重要的。通过建立反馈机制，读者可以对推荐的书籍或期刊进行评价和评论，系统可以根据这些反馈信息动态调整推荐策略，更好地满足读者的需求。

从次，细化推荐历史的记录。不仅要记录系统实际推荐的图书或期刊，还应该记录读者实际阅读的内容。这样的记录能够反映读者的实际兴趣和喜好，为图书馆提供更为全面的个性化推荐历史。

最后，数据分析与挖掘。图书馆可以通过对这些个性化推荐历史的数据进行深入分析和挖掘，了解读者的阅读习惯的演变趋势。这有助于预测读者未来的兴趣方向，为图书馆提前调整推荐策略，提高服务的贴近度。

通过以上步骤，图书馆能够建立一个完整而精密的个性化推荐历史记录系统。这不仅为图书馆提供了更深层次的读者了解途径，也为提供更加智能、贴心的服务奠定了基础。

2.文化活动参与记录的追踪

首先，设计多层次的活动参与记录系统。为了全面了解读者的文化活动参与情况，图书馆可以设计一个多层次的记录系统，涵盖不同类型的文化活动，如展览、讲座、读书会等。这样的系统应当能够捕捉读者的活动参与历史，并能够随着时间推移进行更新。

其次，建立文化活动参与档案。对每位读者建立详细的文化活动参与档案，包括参与的具体活动、参与时间、参与频率等信息。这有助于形成每位读者的文化活动偏好画像，为图书馆提供更为个性化的文化服务。

再次，整合线上和线下参与记录。考虑到现代图书馆活动涵盖线上和线下，系统应当整合这两方面的参与记录。这有助于更全面地了解读者的活动参与情况，包括他们在数字平台上的参与活动的次数和方式。

从次，设置活动评价和反馈环节。在文化活动参与记录系统中，可以加入读者的评价和反馈环节。读者可以对每次参与的活动进行评分和留言，提供对活动质量和内容的反馈。这为图书馆改进文化活动提供了有力的依据。

最后，建立数据分析模块。针对文化活动参与记录系统，建立数据分析模块，通过对读者参与数据的深入挖掘，为图书馆提供更深层次的文化活动分析。这种分析有助于了解不同读者群体对文化活动的热衷程度，优化活动策划。

通过建立文化活动参与记录的追踪系统，图书馆能够更全面、深入地了解读者对文化活动的喜好和参与状况，为未来文化活动的策划提供有力支持。

3. 借阅图书种类和频率的统计

首先，设计细致的借阅记录分类。为了全面了解读者的阅读偏好，图书馆应设计一个细致的借阅记录分类体系，将图书按主题、类型、文学流派等多个维度进行分类。这有助于建立更为准确和全面的读者阅读画像。

其次，统计借阅图书的种类。图书馆系统应当记录每位读者所借图书的具体种类，包括小说、科普、人文社科等。通过统计各种图书的借阅频率，图书馆可以分析读者对不同类别图书的兴趣，为馆藏图书的分类和更新提供依据。

再次，考虑借阅频率的动态变化。借阅频率的变化反映了读者在不同时期的阅读兴趣和需求。系统应考虑记录读者的借阅频率，形成对时间变化的趋势分析。这有助于更加精准地了解读者的阅读喜好和热点。

从次，建立个人化推荐系统。基于读者的借阅记录，图书馆可以建立个人化的图书推荐系统。通过智能算法，系统能够为每位读者推荐更符合其兴趣的图书，提高借阅效率和满意度。

最后，整合线上和线下借阅数据。鉴于现代图书馆的借阅涵盖线上和线下，系统应当整合这两方面的数据，形成一个全面的借阅数据平台。这样可以更全面地分析读者在不同平台上的借阅情况，为图书馆提供更精准的服务。

通过建立借阅图书种类和频率的统计体系，图书馆能够更深入地了解读者的阅读兴趣和需求，为馆藏图书的更新和服务的优化提供科学依据。

（二）沟通与互动平台

1. 实时消息推送

首先，设计个性化消息推送策略。为了确保消息推送的有效性，图书馆应设计个性化的消息推送策略。这包括根据读者的兴趣标签、借阅历史等信息，精准推送符合其需求的信息，提高消息的关注度。

其次，整合图书馆各类信息源。为实现全面的消息推送，系统应整合图书馆的各类信息源，包括新书上架、文化活动安排、特色服务推介等。这有助于形成信息的多样性，满足不同读者群体的需求。

再次，采用多渠道推送方式。为确保消息的及时性，系统应采用多渠道推送方式，包括短信、推送通知、邮件等。不同的推送方式可以适应不同读者的使用习惯，提高消息的覆盖面和传递效果。

从次，实现消息推送的即时性。搭建实时消息推送系统，确保消息能够在相关信息发生变化时及时推送给读者。这要求系统对图书馆信息的更新速度有较高的要求，以保障消息的实时性。

最后，监测推送效果并持续优化。建立推送效果监测机制，收集读者对消息推送的反馈和参与情况。根据反馈结果，图书馆可以进行推送策略的调整和优化，确保推送的信息更加符合读者的期望和需求。

通过实时消息推送机制的建设，图书馆可以更主动地与读者进行沟通，提高服务的及时性和有效性。这不仅有助于读者更好地了解图书馆的最新动态，也促进了他们更积极地参与到图书馆的各类文化活动中。

2. 电子邮件通知服务

首先，个性化通知设置。图书馆系统应设计个性化的电子邮件通知设置，使读者可以根据自己的需求和喜好，选择接收特定类型的通知，如到期提醒、新书推荐等。这有助于提高通知的相关性和读者的满意度。

其次，全面覆盖服务场景。电子邮件通知服务应全面覆盖图书馆服务场景，包括借阅服务、活动参与、馆藏更新等。通过将各项服务纳入电子邮件通知范围，确保读者可以及时了解到各类重要信息，提高服务的全面性。

再次，制定通知频率和时段。图书馆系统应制定合理的通知频率和发送时段。避免过于频繁的通知可能引起读者的疲劳和忽略，同时要确保通知在读者更容易关注的时间段内发送，提高通知的阅读率。

从次，合理处理隐私和安全问题。在发送电子邮件通知时，系统应注重读者的隐私和信息安全。通过采用加密传输、匿名化处理等技术手段，保障通知内容的安全性，增加读者对通知服务的信任感。

最后，定期优化通知系统。定期对电子邮件通知服务进行数据分析，收集读者的反馈和建议。根据反馈结果，进行通知系统的优化和改进，确保通知服务始终保持高效、贴心的特点。

3. 在线社交平台与专属社群建设

首先，在线社交平台的选择与嵌入。图书馆应仔细选择合适的在线社交平台，考虑到读者群体的特点和喜好。通过系统的嵌入，确保读者可以方便地在图书馆系统内进行社交互动。常见的社交平台包括微信读书、豆瓣读书等，它们提供了方便的图书分享和评论功能。

其次，专属社群的创建与管理。图书馆可以考虑建立专属的社群，使读者能够更加有针对性地进行交流。专属社群可以根据读者的兴趣、阅读喜好、专业领域等划分，提供更加精准和专业的交流平台。图书馆需要建立专人团队进行社群的管理，及时解答读者的问题，组织相关主题活动等。

再次，社交互动内容的引导和推动。图书馆系统应设计引导和推动读者社交互动的机制。通过推送相关话题、邀请专家参与社群讨论、组织线上读书会等方式，促进读者之间的交流。定期发布有趣、热门的图书资讯，引发读者关注和讨论，提高社交平台的活跃度。

从次，社交互动数据的分析和利用。图书馆可以通过系统收集和分析读者在社交平台上的互动数据。了解读者的关注点、热门话题，有针对性地调整社交平台内容，提高用户体验。社交互动数据还可以为图书馆提供关于读者需求和兴趣的有益信息，指导图书馆的服务和馆藏发展。

最后，维护社交平台的活跃性：图书馆需要定期更新社交平台的内容，确保平台的新鲜感和吸引力。可以通过举办线上活动、开展图书推荐大赛等方式，激发读者的参与热情。同时，要关注社交平台的安全性，建立防范不良信息的机制，确保社交互动环境的良好。

通过建设和优化在线社交平台与专属社群，图书馆可以更好地满足读者社交需求，促进读者之间的互动和信息分享，提升图书馆的社会影响力和读者忠诚度。

（三）精准服务策略制定

1. 借阅频率与时段分析

首先，借阅频率的系统分析。图书馆系统应具备对读者借阅频率的深度分析功能。通过对读者借阅历史数据的挖掘，系统能够识别出读者的借阅规律和频率，进而为图书馆提供有针对性的服务建议。系统可以根据借阅频率，识别出常阅读的读者群体，并向他们推送相关的新书推荐或活动信息，提高这部分读者的活跃度。

其次，借阅时段的系统分析。图书馆系统还应当能够分析读者的借阅时段，包括每日的借阅高峰时段和低峰时段。通过这方面的分析，系统可以为图书馆提供优化服务的建议。例如，在高峰时段增加工作人员，提高服务效率，确保读者能够快速完成借还书等操作。而在低峰时段，系统可以推荐相关的促销活动，吸引更多读者前来阅读和借阅。

再次，服务策略的精准制定。借阅频率和时段的分析为图书馆提供了精准制定服务策略的基础。系统可以通过对读者群体的借阅行为进行聚类分析，识别不同群体的特点。基于这些特点，图书馆可以为不同群体量身定制服务方案，提高服务的个性化和精准度。

最后，服务效果的监控与调整。图书馆系统需要建立服务效果监控机制，通过对借阅频率和时段等数据的实时监测，了解服务策略的实际效果。根据监测结果，及时调整服务策略，确保服务能够更好地满足读者的需求。系统还可以生成报告，为图书馆管理层提供决策支持，指导长期服务规划和优化。

通过系统的借阅频率与时段分析，图书馆能够更加科学地制定服务策略，提高服务的灵活性和针对性，进一步优化读者体验，加强图书馆与读者之间的紧密联系。

2. 阅读喜好与推荐优化

首先，深入了解读者的阅读喜好。图书馆系统在阅读喜好与推荐优化方面的应用首先需要通过多维度的数据收集和分析，深入了解读者的阅读偏好。这包括对借阅历史、搜索记录、阅读时长等多方面数据的综合分析，以建立每位读者的阅读喜好画像。通过这一步骤，系统可以更全面地了解读者的兴趣领域、喜好类型，为个性化推荐提供有效依据。

其次，推荐算法的优化。基于深入了解读者阅读喜好的数据，系统应优化个性化推荐算法。采用先进的机器学习和数据挖掘技术，系统可以建立更为准确的推荐模型，提高推荐的精准性和适应性。算法的优化应该考虑多种因素，包括读者的兴趣领域、历史阅读记录、热门图书推荐等，使推荐更符合读者的实际需求。

再次，推荐结果的个性化呈现。除了算法的优化，系统还应考虑推荐结果的个性化呈现。这包括推荐内容的样式、推送方式等方面的个性化设计，以提高读者对推荐结果的接受度。系统可以根据读者的偏好选择推送的方式，比如通过图书馆APP、邮件、短信等多种渠道，提供更贴近读者习惯的推送服务。

最后，用户反馈的实时调整。图书馆系统应建立用户反馈机制，鼓励读者对推荐结果进行评价和反馈。通过读者的实时反馈，系统可以不断调整推荐算法，及时修正可能存在的偏差，确保推荐结果更符合读者的阅读喜好。这种实时调整机制有助于保持推荐系统的灵活性和准确性。

3. 定制化活动策划

首先，读者兴趣分析。图书馆系统首先通过对读者数据的深入分析，了解不同读者群体的兴趣偏好。这包括对阅读历史、借阅记录、参与活动情况等多方面数据的综合分析，以构建每位读者的兴趣画像。通过这一步骤，系统能够清晰地把握读者的文化爱好、关注点、领域偏好等信息。

其次，主题活动策划。基于充分了解读者的兴趣，系统应制定主题活动策划方案。这可以涵盖多种文化活动形式，如文艺展览、专题讲座、读书会等。选择活动主题时，要根据不同兴趣群体的特点，确保活动内容贴近他们的阅读需求，提高活动的吸引力和参与度。

再次，活动形式与体验设计。活动的成功与否不仅与主题相关，还与活动形式和体验设计密切相关。系统在策划阶段应考虑不同兴趣群体对活动形式的喜好，是更倾向于互动性强的展览，还是更喜欢深度思考的讲座。同时，体验设计要注重细节，从空间布置到互动环节，都应精心设计，确保读者在活动中能够得到愉悦的文化体验。

最后，活动效果评估。活动结束后，系统需要进行活动效果的评估。通过收集参与读者的反馈、活动参与数据等信息，系统可以了解活动的实际效果，包括吸引度、满意度等方面。这一步骤是为了不断优化策划和提高未来活动的质量，保持图书馆文化活动的创新性和吸引力。

通过基于读者数据的定制化活动策划，图书馆系统可以更好地满足不同读者群体的文化需求，提高文化活动的实际效果和社会影响力。这一策略有望使图书馆成为读者文化交流的中心，推动文化传播与共享。

第二节 读者教育与培训服务

一、信息素养教育与阅读推广活动的开展

（一）信息素养课程设计

1. 多层次课程设置

图书馆应当根据不同年龄层次和读者需求，设计多层次的信息素养课程。例如，可以设置初级课程介绍基本的信息检索技能，中级课程深入讲解数字素养的重要性，高级课程则专注于知识管理和信息安全等方面的内容。这种多层次的设置有助于满足不同读者群体的学习需求。

（1）初级课程：基本信息检索技能

课程简介：初级课程旨在为读者提供基本的信息检索技能，使其能够熟练使用图书馆的检索系统，了解常见检索工具的操作方法。

课程内容：

信息检索的基本概念和流程；

图书馆常用的检索工具介绍；

如何使用关键词进行检索；

阅读检索结果的方法和技巧。

学习方式：采用小组讨论、实际操作等方式，提供实际案例进行演练。

教学目标：帮助初学者建立基本的信息检索意识，提高其利用图书馆资源的效率。

（2）中级课程：深入数字素养的重要性

课程简介：中级课程旨在深入介绍数字素养的概念，培养读者对数字信息的理解和利用能力。

课程内容：

数字素养的定义及其在现代社会的重要性；

数字信息的评估和筛选；

利用数字资源进行学术研究的方法。

学习方式：结合实际案例，引导学员掌握数字素养的实际应用技能。

教学目标：提高读者对数字信息的辨别和利用能力，为其更深层次的学术研究奠定基础。

（3）高级课程：知识管理和信息安全

课程简介：高级课程聚焦于知识管理和信息安全，培养读者对个人和组织知识的高效管理能力。

课程内容：

知识管理的基本理念和方法；

信息安全的基本概念和技术；

如何保护个人信息和数据。

学习方式：结合实际案例，进行个案分析和解决方案讨论。

教学目标：培养读者对知识管理和信息安全的深刻理解，使其在个人和职业生活中能够更好地应对各种挑战。

通过这一多层次课程设置，图书馆能够更精准地满足不同读者群体的学习需求，促使其在信息时代更好地适应和发展。

2. 线上线下结合

为了更好地满足读者的学习需求，图书馆可以采取线上线下结合的方式进行课程教学。线上部分可以利用网络平台进行自主学习，线下则可以组织实践操作和面对面交流，提高信息素养的实际运用能力。

（1）线上学习平台的建设

平台选择与搭建：图书馆可以选择现有的在线学习平台，也可以根据需求搭建专属平台。平台应具备用户友好的界面、多媒体教学资源和学习管理功能。

自主学习课程设计：针对初级、中级和高级课程，设计相应的线上学习课程。课程内容应具有层次性，同时提供视频、文档、在线测验等多样化教学资源。

互动与讨论功能：在线学习平台应设有讨论区、在线答疑等功能，鼓励学员之间的互动和交流。教师可以参与在线讨论，解答学员疑问，提高学习效果。

（2）线下实践操作和面对面交流

实践操作课程设计：针对信息检索、数字素养等实际操作的内容，组织线下实践课程。在图书馆内设置实验室或者利用计算机教室，让学员亲自操作和实践所学知识。

专题讲座和交流会：定期组织相关专题讲座和交流会，邀请信息技术专家和资深图书馆员分享经验。学员可以通过面对面交流，深入了解实际应用场景和问题解决方法。

导师制度：为学员设立导师，提供个性化的学习指导。导师可以通过线下见面、邮件、电话等方式与学员保持联系，解答疑惑，调整学习计划。

（3）实际运用能力的考核与证书颁发

项目作业：针对每个课程，设计实际项目作业，要求学员在实践中运用所学知识，提交作业进行评估。

期末考核：组织期末考核，既包括线上的知识理论考试，也包括线下的实际操作和面试环节。通过综合考核，评价学员的学习成果。

证书颁发：成功完成课程的学员将获得相应的信息素养培训证书，证明其在信息素养方面取得了一定水平。证书的颁发不仅是对学员努力学习的认可，也是对图书馆服务质量的体现。

通过线上线下结合的教学方式，图书馆可以更全面地满足读者的学习需求，提高信息素养培训的实效性和实用性。

（二）阅读推广活动

1. 主题多样的书展

除了传统的书展形式，可以设计主题多样的书展，涵盖不同领域和文化，如科技、艺术、历史等。这有助于吸引更广泛的读者群体参与，拓展他们的文化兴趣。

2. 互动式文化讲座

针对热门话题或经典著作，组织互动式文化讲座，邀请专业人士进行深入解读。通过与读者的互动，可以促进思想碰撞，引导深层次的阅读体验。

3. 读书分享会的策划

通过定期的读书分享会，鼓励读者分享个人的阅读体验和感悟。这不仅加强了读者之间的交流，还可以形成读者社群，共同推动阅读文化的传播。

通过深入开展信息素养教育和阅读推广活动，图书馆可以更好地满足读者的学习和文化需求，促进知识的传播和社群的建立。这不仅有益于读者个体的素养提升，也为整个社会培养具有更高综合素质的公民做出贡献。

二、文化艺术素养培养与课程开发

（一）文化艺术活动

1. 艺术展览

首先，艺术展览的成功与否往往与展览的主题密切相关。图书馆可以通过策划多样性的主题展览，涵盖绘画、摄影、雕塑等多种形式的艺术表达。例如，可以设立以特定时期、风格或主题为基础的展览，引导观众深入了解不同艺术流派的发展历程，从而拓展他们对艺术的认知。

其次，艺术展览的设计和布局对于展示艺术品的效果至关重要。图书馆应当考虑如何将展览空间最大化地发挥出来，使观众在欣赏艺术品的过程中能够感受到一种流畅而自然的视觉体验。合理的展览设计能够引导观众在展览空间中形成自然而流畅的参观路径，使整个展览更具有叙事性和艺术性。

再次，图书馆的艺术展览不应仅仅停留在展示的层面，更应鼓励与社区的互动与参与。可以通过邀请当地艺术家参展、组织艺术家座谈会或工作坊等方式，使艺术展览成为社区文化的一部分。这样的互动能够拉近观众与艺术的距离，促进文化交流，使艺术不再是高不可及的存在，而是与社区生活息息相关的一部分。

最后，艺术展览不仅是对观众艺术鉴赏能力的一种考验，更是一个教育的过程。通过在展览现场提供详细的艺术品解读、举办导览讲座，图书馆能够帮助观众更深入地理解艺术品背后的文化内涵，激发他们对艺术的兴趣。这样的教育过程将使艺术展览不仅仅是观赏，更是一次知识的积累和审美能力的提升。

2. 文学沙龙

首先，图书馆应该在策划文学沙龙时考虑多元的主题，以满足不同读者群体的兴趣需求。可以根据文学流派、时代特征或作家风格等方面进行分类，确保每一场文学沙龙都具有一定的独特性。这样的多元主题不仅能够吸引更广泛的读者群体参与，还能够为社区提供更为丰富的文学体验。

其次，文学沙龙的成功与否很大程度上取决于主讲人的水平。图书馆应该积极邀请文学评论家、知名作家或其他相关领域的专业人士，为读者进行深度解读和讲座。专业人士能够通过深入的文学分析和独到的见解，引领读者深入作品内涵，提高其文学鉴赏能力。同时，这也为读者提供了与专业人士交流的机会，促进学术与社区的融合。

再次，文学沙龙的设计应该注重互动环节，让参与者有机会分享他们的阅读体验和见解。可以设置读者分享环节，邀请一些热爱文学的读者分享他们对某一文学作品的理解和感悟。这样的互动不仅能够激发更多读者对文学的热爱，也能够让文学沙龙更具社区参与感。

最后，图书馆可以考虑建立长期的文学沙龙计划，确保文学活动的持续性和深入性。通过定期举办文学沙龙，图书馆能够建立起与读者的紧密联系，形成稳定的文学交流平台。这对于提升社区的文学氛围，培养读者对文学的持久兴趣具有积极意义。

3. 音乐会和表演艺术

首先，图书馆应该设计多样性的文艺演出，包括音乐会、话剧表演、舞蹈等，以满足不同读者对文艺形式的喜好。通过策划具有不同文化背景、风格和表现形式的演出，图书馆能够吸引更广泛的观众参与，提升文艺活动的影响力。

其次，为了确保文艺演出的高水平，图书馆应该积极邀请专业团队和知名艺术家进行演出。这些专业演出团队不仅在演艺技巧上有着丰富的经验，而且能够为观众呈现更具深度和内涵的文艺作品。通过邀请专业艺术家的演出，图书馆可以为读者提供高品质的文艺享受，推动文化艺术的传播和发展。

再次，图书馆可以与演出团队合作，设置专题讲座与演出解读环节。在演出前或演出后，可以邀请艺术家或文艺评论家进行专业解读和讲座，向观众介绍演出背后的文化内涵、历史背景等。这样的环节不仅能够增强观众对演出的理解，还能够提升他们的文艺鉴赏水平。

最后，图书馆可以考虑建立文艺演出季度计划，确保文艺演出的连续性和规模化。通过每季度不同主题的文艺演出，图书馆能够为读者提供更为丰富和多元的文艺选择，建立起与读者的长期互动机制。

（二）文化艺术培训课程

1. 人文艺术知识课程

首先，图书馆应设计多层次的人文艺术知识课程，以满足不同层次读者的需求。初级课程可以涵盖文学、艺术、哲学等领域的基础知识，介绍相关概念和历史背景；中级课程则可以深入探讨不同文学流派、艺术风格和哲学思想；高级课程则着重于专题研究和深度思考，引导读者更深入地理解和欣赏人文艺术。

其次，为了提高学习的便捷性和多样性，图书馆可以融合线上线下的教学模式。线上部分可以通过数字化学习平台提供课程视频、阅读材料和在线测验，使读者能够在自己选择的时间和地点进行学习。线下部分可以组织讲座、座谈会、小组讨论等活动，加强与专业讲师和其他学习者的交流。

再次，为了确保课程的专业性，图书馆可以邀请相关领域的专业讲师和学者进行授课。专业讲师能够结合自身研究和实践经验，向读者传授权威的人文艺术知识，使课程更加深入和实用。

最后，为了促进学习氛围的营造，图书馆可以设立人文艺术知识学习社群，并建立资源共享平台。通过社群，读者可以互相交流学习心得、分享阅读体会，形成学习共同体。资源共享平台则可以提供更多深入学习的资料，如学术论文、艺术作品解读等，帮助读者拓展知识面。

2. 创意艺术实践课程

首先，创意艺术实践课程应该涵盖多元化的艺术形式，包括但不限于绘画、手工艺、写作等。这样的多元选择可以更好地满足不同读者的兴趣和潜能，激发他们在创意艺术领域的积极性。

其次，为了确保创意艺术实践课程的专业性，图书馆可以邀请专业艺术家担任导师，进行实践指导和授课。这样的专业人士能够传授实际艺术创作的技巧和经验，使课程更加实用和具有实践性。

再次，创意艺术实践课程的目标应当注重培养读者的创造力和审美能力。通过实际参与艺术创作，读者可以培养独立思考和创新表达的能力，提高对美的敏感度和欣赏水平。

最后，为了展示读者的创作成果，图书馆可以组织创意艺术实践课程的作品展示和交流活动。这不仅可以为读者提供展示和分享的机会，也能够激发更多人参与到创意艺术的学习和实践中。

3.多媒体艺术课程

首先，多媒体艺术课程应该注重对读者多方面能力的培养，包括音频编辑、视频制作、图形设计等多媒体技能。通过这些技能的综合培养，读者能够更全面地理解和应用多媒体艺术，适应数字时代的文化需求。

其次，多媒体艺术课程的设计应该以实践操作为主，并采用项目驱动的学习方法。通过实际的多媒体项目，读者能够更好地理解理论知识，培养实际操作的技能，提高在多媒体领域的实际能力。

再次，为了确保多媒体艺术课程的专业性，图书馆可以邀请具有相关经验的专业导师进行辅导和指导。这样的专业导师能够传授实际的多媒体制作技巧，解答读者在学习过程中的问题，确保课程的实用性和有效性。

最后，为了更好地展示读者在多媒体艺术课程中的学习成果，图书馆可以组织多媒体项目的展示和评估活动。这样的活动不仅可以为读者提供展示作品的机会，也能够通过评估激发更多创新和实践的动力。

第三节　残疾人读者服务创新

一、无障碍设施与服务的优化与创新

（一）物理环境的优化

1.视觉障碍者的物理环境优化

（1）无障碍通道设计

针对视觉障碍者，图书馆应设计无障碍通道，确保通畅、安全、易于辨识。采用凸起的导向标识、地砖贴纹等手段，引导他们正确行走。

（2）智能引导系统

引入智能技术，如语音导览系统、智能导盲犬辅助服务等，帮助视觉障碍者更轻松地找到书籍、服务台等目标区域。

（3）触觉信息设施

在图书馆的重要区域设置触觉信息设施，如触摸地图、触摸标识，使视觉障碍者能够通过触觉获取空间信息。

2.听觉障碍者的物理环境优化

（1）震动引导系统

利用震动技术设计导航系统，通过震动信号引导听觉障碍者到达指定位置，提高其在图书馆内的自主性。

（2）视觉警示标识

在楼梯口、危险区域等设置视觉障碍者可感知的警示标识，确保他们在移动时能够避开潜在的危险。

（3）交流空间设计

优化图书馆的阅览区域和休息区域，确保相对安静，有助于听觉障碍者更好地集中注意力进行阅读和学习。

3.运动障碍者的物理环境优化

（1）无障碍电梯

设计宽敞、易操作的无障碍电梯，确保运动障碍者能够方便快捷地到达不同楼层。

（2）坡道和扶手设置

在楼梯口设置坡道，并配备扶手，为使用轮椅或助行设备的读者提供便捷通道。

（3）高低可调桌椅

提供高低可调桌椅，以适应不同身高和运动能力的读者，提高他们的使用舒适度。

通过以上物理环境的优化，公共图书馆可以创造一个更加包容和友好的空间，为残疾人读者提供更为便捷、独立的图书馆体验。这种优化不仅关乎基本的进出和移动问题，更是为了使他们在图书馆内能够更好地参与学术、文化和社交活动。

（二）辅助工具设备

引入先进的辅助工具设备，如智能导览系统、语音助手等，帮助视觉或听觉障碍的读者更好地获取信息和参与图书馆的各项活动。

1. 智能导览系统

（1）视觉障碍者导览

引入智能导览系统，通过语音提示和振动反馈，为视觉障碍者提供室内导航服务。系统可识别图书馆的结构，引导用户准确定位到书籍、服务台等目标位置。

（2）导览地图应用

提供支持导览的手机应用，让用户通过智能手机轻松获取室内地图，实时了解自身位置，规划最优路径。

2. 语音助手

（1）读者咨询服务

针对听觉障碍者，引入语音助手提供实时的读者咨询服务。读者可通过语音输入或文字输入提出问题，语音助手以语音或文字方式进行回答，确保信息无障碍获取。

（2）文献检索辅助

开发语音助手辅助文献检索，使用户通过语音命令或查询获取所需图书信息，提高检索效率。

3. 无障碍电子设备

（1）可调式设备

提供可调式的电子设备，如电脑、阅读器等，适应不同身高、坐姿的残疾读者，提供更加舒适的使用体验。

（2）屏幕阅读器

引入屏幕阅读器技术，使得电子设备上的文字信息能够被转换成语音或盲文，方便视觉障碍读者获取电子文献内容。

4. 可操控设备

（1）轮椅控制

为运动障碍者提供可操控的电脑工作站，使他们能够通过轮椅上的操控设备进行操作，方便使用图书馆资源。

（2）手势识别技术

引入手势识别技术，为运动障碍者提供更为灵活的设备操作方式，提高其独立使用图书馆设施的能力。

通过引入这些辅助工具设备，公共图书馆能够更全面地满足残疾人读者的需求，提高他们在图书馆内获取信息和参与各类服务的便捷性。这不仅是对技术的充分利用，更是对社会关爱的具体表现，为残疾人提供更加平等、友好的图书馆环境。

（三）电子设备的优化

针对残疾人读者，图书馆应当提供符合无障碍标准的电脑、自动售书机等设备，确保残疾人读者可以方便地使用图书馆的各种资源。

1. 无障碍电脑设备

（1）可调式工作站

设计可调节高度的电脑工作站，以适应不同身高和使用习惯的残疾人读者，提供更加舒适的使用体验。

（2）特殊输入设备

针对运动障碍的读者，提供特殊的输入设备，如眼动追踪设备或头部控制器，使他们能够通过眼神或头部动作进行电脑操作。

（3）屏幕放大与对比度调整

提供屏幕放大功能，同时可调整对比度，以满足视觉障碍读者的特殊需求，确保他们能够清晰地看到屏幕上的信息。

2. 自动售书机的优化

（1）无障碍支付方式

引入支持无障碍支付的自动售书机，如声纹支付或触摸屏辅助功能，使视觉或运动障碍读者能够独立完成图书借阅过程。

（2）语音导览功能

在自动售书机上添加语音导览功能，通过语音引导读者完成借书、还书等操作，提高无障碍读者的使用便捷性。

3. 定制化设备服务

（1）读者需求调查

定期进行残疾人读者需求调查，了解他们对电子设备的具体需求，根据反馈进行设备的更新和优化。

（2）个性化设置

为残疾人读者提供个性化的电子设备设置，允许他们调整字体大小、颜色、声音等参数，以适应各种需求。

通过对电子设备的这些优化措施，图书馆能够更好地服务残疾人读者，使其能够更便捷、独立地获取图书馆的各类资源。这种以用户为中心的服务理念将促进图书馆的社会包容性，让更多的人能够享受到图书馆的文化和知识资源。

二、残疾人读者需求调研与服务策略制定

（一）需求调研的深化

1. 跨残疾类别的需求调研

深入了解不同残疾人的需求，包括视觉障碍、听觉障碍、运动障碍等，为制定更为精准的服务策略提供基础。

（1）视觉障碍人群的需求调研

首先，通过调查了解视觉障碍读者对于屏幕阅读器、盲文书籍和电子眼等辅助阅读设备的需求，以提升其图书馆资源的获取体验。

其次，调查视觉障碍读者在图书馆导览和定位方面的需求，以开发适合他们的导览系统，确保他们能够更便捷地找到所需资源。

最后，了解视觉障碍读者对多感官体验的期望，包括音频描述、触觉展览等，以提供更丰富的文化体验。

（2）听觉障碍人群的需求调研

首先，调查听觉障碍读者对于字幕和音频资源的需求，以确保图书馆的视听资源能够满足他们的阅读和学习需求。

其次，了解听觉障碍读者对手语培训的需求，为其提供学习手语的机会，促进他们与图书馆工作人员和其他读者更好地沟通。

（3）运动障碍人群的需求调研

首先，调查运动障碍读者对于图书馆内无障碍设施的需求，包括坡道、电梯、无障碍厕所等，以确保他们能够方便地使用图书馆的各个区域。

其次，了解运动障碍读者是否对远程图书馆服务有需求，例如远程参与文化活动、远程借阅等，以提供更加灵活的服务方式。

（4）跨残疾人的综合需求调研

首先，调查不同残疾人对社交互动的需求，了解他们是否希望参与专属社群、线上讨论等，以促进残疾人读者之间的交流和分享。

其次，了解残疾人对于个性化服务的期望，包括定制化的阅读推荐、个性化的文化活动安排等，以提高服务的个性化水平。

通过深入了解不同残疾人的需求，图书馆可以更有针对性地制定服务策略，确保服务更贴近残疾人读者的实际需求，提升他们在图书馆的阅读和文化体验。

2. 社会参与和互动需求

除了图书阅读，调研残疾人读者对社会参与和互动的需求，以构建更加包容和多元的服务体系。

（1）社会参与和互动的初探

首先，需要深入了解残疾人读者对社交互动的看法，以及社交活动对其生活的重要性。这可以通过定期举办焦点小组讨论、个别面谈等方式进行深入交流，收集他们的意见和建议。

其次，对于可能存在的社交障碍，特别是在公共场合的障碍，需要有系统性的调研。这可以包括残疾人读者在社交活动中可能遇到的问题，以及他们对于社交环境的期望和改进建议。

（2）社会参与和互动的服务策略制定

首先，针对残疾人读者的社交需求，图书馆可以制定无障碍的社交活动设计方案。这可能包括在文化活动中融入更多互动元素，提供特殊需求人群友好型的社交平台等。

其次，根据调研结果，图书馆可以考虑建设专属的社交平台或线下社群，为残疾人读者提供一个舒适、包容的社交环境。这个平台可以用于信息分享、兴趣小组组建等。

（3）社交活动的推广与实践

首先，在图书馆的文化活动中融入更多社交元素，例如组织座谈会、读书分享会，以及邀请特邀嘉宾与读者进行互动，从而增加社交活动的吸引力。

其次，建设互动性强的线上社交平台，使残疾人读者能够在虚拟环境中互动。这可以通过在线讨论、远程活动等方式实现，提高他们的社交参与度。

（4）社会参与和互动的效果评估

首先，设立定期的社交参与和互动效果评估机制，通过用户反馈、活动参与度等指标，了解服务的实际效果。根据评估结果进行服务策略的调整和优化。

其次，在评估的基础上，总结和分享成功的社交互动实践，形成图书馆社交参与的最佳实践，促使其他图书馆借鉴并改进服务。

通过深入调研残疾人读者的社会参与和互动需求，图书馆可以更加全面地满足他们的服务期望，创造一个真正包容和多元的文化空间。

（二）服务策略的制定

1. 定制化服务计划

（1）资源开发与定制

针对不同残疾人，图书馆可以制定资源开发计划，包括数字资源的可访问性、盲文图书的采购等。通过建设不同形式的资源，如有声图书、电子文档等，提高服务的多样性和适用性。

（2）服务流程调整

针对残疾人读者的特殊需求，调整服务流程，简化借阅手续、提供辅助导览等服务，以提升服务的便捷性和实用性。

2. 培训工作人员

（1）残疾人服务专业培训

设计专门的残疾人服务培训课程，涵盖残疾人权益、沟通技巧、辅助工具的使用等方面，以提高工作人员的专业水平，确保他们能够为残疾人读者提供更贴心、专业的服务。

（2）模拟体验训练

进行模拟体验训练，让工作人员亲身感受残疾人读者的生活体验，增强对其需求的理解和敏感度，有助于更好地调整服务态度和方式。

3. 信息推广与宣传

（1）制定宣传计划

制定详细的宣传计划，明确推广的渠道和内容。这可以包括线上平台、社交媒体、电视、广播等多种渠道，以确保信息的广泛传播。

（2）无障碍服务的特色宣传

突出图书馆无障碍服务的特色，如定制化服务、专业培训等，以增强残疾人读者对图书馆服务的信任感和认可度。

通过以上服务策略的制定，图书馆可以更有针对性地满足残疾人读者的需求，提供更加贴合和专业的服务体验。这也有助于构建一个真正包容和关爱的图书馆社区。

三、残障读者群体的社会融合与精神激励服务

（一）社会融合服务

1. 社交活动的开展

（1）残疾人读者座谈会

首先，图书馆可定期组织残疾人读者座谈会，为不同残疾人提供一个分享经验、交流需求的平台。这种座谈会可以通过线上或线下方式进行，以确保更多读者的参与。通过座谈，图书馆能够深入了解残疾人读者的阅读体验、服务期望和问题症结，为制定更有针对性的服务策略提供重要依据。

其次，座谈会还可以邀请专业人士，如心理医生、社会工作者等，为残疾人读者提供专业意见和心理支持。这有助于建立一个更加关爱和理解的图书馆服务氛围。

最后，座谈会后，图书馆应当及时总结并落实相关建议。这种反馈机制可以形成一个良性循环，不断优化服务。

（2）社交聚会

首先，图书馆可定期组织残疾人读者的社交聚会，通过轻松愉快的氛围拉近读者之间的距离。这种聚会可以包括茶话会、文艺演出观赏等多样化的活动，以满足不同兴趣爱好的读者需求。

其次，在社交聚会中，图书馆可以设置互动环节，如读者分享、小组讨论等，激发读者之间的交流。这有助于建立一个更加紧密的残疾人读者

社群，让他们感受到图书馆是一个支持和理解他们的大家庭。

再次，通过社交聚会，图书馆还能够更全面地了解残疾人读者的个性化需求，为后续的服务提供更为准确的方向。

最后，社交聚会的成功举办需要充分调研，了解残疾人读者的社交喜好和可参与程度，以确保活动的吸引力和实用性。

通过以上社交活动的开展，图书馆不仅能够促进残疾人读者之间的交流，增进社会融合感，同时也为提供更优质的个性化服务奠定了基础。

2. 社区合作

首先，图书馆可以首先与社区建立合作框架，明确各方的责任和角色。这包括明确图书馆在社区中的定位，确定合作目标，以及规划共同推动残疾人读者融入社会的具体计划。建立合作框架有助于确保合作的系统性和可持续性。

其次，在合作之初，图书馆应进行深入的社区需求调研，特别是关于残疾人读者的需求。这可以通过座谈会、问卷调查等方式进行，以确保服务的针对性和实效性。了解社区居民的兴趣、需求和意愿，为后续的合作提供科学依据。

再次，通过与社区合作，图书馆可以在社区内推动文化建设，使其更加包容和多元。这可以包括共同策划文化活动、支持社区艺术团体、开展文艺展览等。通过这些活动，不仅促进了残疾人读者的参与，也增进了整个社区的文化底蕴。

最后，社区合作的一个重要目标是打破残疾人的社交壁垒。通过共同的社区活动，残疾人读者有机会与社区其他居民进行更多的交流和互动。图书馆可以在合作中设立桥梁，促使不同群体之间更好地理解和沟通。

(二) 精神激励服务

1. 专业心理支持

首先，为了满足残疾人读者的心理健康需求，图书馆可以与专业心理机构或心理咨询师建立合作关系，建立专业心理咨询服务体系。这包括明确服务流程、咨询师的资质要求，以及服务的时间和地点等。建立专业体系有助于提供高质量的心理支持服务。

其次，除了个体心理咨询，图书馆还可以定期开设心理健康讲座，向残疾人读者普及心理健康知识，提供自助方法，并分享应对压力和情绪管理的技巧。通过讲座，可以扩大服务的覆盖面，使更多的读者受益。

再次，除了短期的心理咨询服务，图书馆还可以考虑推动长期的心理教育与培训计划。这可以包括心理健康课程、应对焦虑和抑郁的培训等。通过系统性的培训，残疾人读者可以更好地理解和管理自己的心理健康状况。

最后，创建一个互助支持平台，让残疾人读者之间能够分享彼此的心理健康经验和建议。这可以是线上社交群体、定期的座谈会等形式，通过互助，读者可以得到来自同伴的支持，建立更强大的心理应对网络。

2.个人成就展示

首先，图书馆可以建立一个系统的个人成就收集体系。这包括建立在线平台，提供个人成就提交的通道，以及明确收集的范围和标准。通过这个体系，残疾人读者可以分享他们在学术、职业、艺术等领域的成就。

其次，定期组织个人成就分享活动，邀请残疾人读者来图书馆进行分享。这可以是线上的网络研讨会，也可以是线下的座谈会。通过分享，读者可以不仅仅展示个人成就，还能够分享取得这些成就的经验和心得。

再次，在图书馆内设置专门的成就展览区域，展示残疾人读者的个人成就。这可以包括文字、图片、视频等多媒体形式，为读者提供更直观的感受。这样的展览可以定期更新，以展示不同读者的多样化成就。

最后，将个人成就分享扩展到社交媒体平台，通过图书馆的官方社交媒体账号或特定的主题标签，鼓励残疾人读者在更广泛的范围内展示他们的成就。社交媒体的力量可以帮助更多人看到这些精彩的故事，激发更多人的积极向上动力。

3.激励性文化活动

首先，图书馆可以首先设立残疾人读者创作展，为他们提供一个展示创作成果的平台。这可以包括文学作品、艺术品、音乐作品等多种形式。通过这样的展览，鼓励残疾人展现自己在不同领域的才华和独特见解。

其次，定期举办成就颁奖典礼，表彰残疾人读者在学业、职业、社区服务等方面的卓越成就。设立不同奖项，如最佳创作者、最佳志愿者等，以激励更多的残疾人积极参与各种社会活动。颁奖典礼不仅是对个体的肯定，也是对整个残疾人群体的鼓励。

再次，确保评审团队具有专业水平，能够全面、公正地评选出各类奖项的获奖者。这有助于确保活动的权威性和公信力，激发更多残疾人读者的创作热情和社会参与积极性。

最后，与其他机构、社区合作，将激励性文化活动的影响力扩大。可以邀请相关专业人士、媒体等参与评审和报道，提高活动的专业性和公众认可度。这有助于将残疾人读者的卓越成就推向更广泛的社会平台，促使更多人了解和关注残疾人的潜力与贡献。

第四章　公共图书馆社区参与与教育服务创新

第一节　社区图书馆与社区居民的互动关系

一、社区需求调研与社区参与策略的制定

（一）社区需求调研的重要性

1. 细致入微的社区了解

社区图书馆在深入社区了解的过程中，需要通过多样的方法获取信息，以确保对社区居民的全面了解。这一过程应当包括实地调研、走访和对社区特征的详尽研究，从而更加精准地满足居民的需求。

首先，建立综合性的社区档案。在进行实地调研之前，图书馆可以首先建立综合性的社区档案。这一档案应包括社区的历史、地理、人口结构、居民职业分布等方面的信息。通过对社区档案的整理，图书馆能够提前了解社区的基本面貌，为深入调研提供背景支持。

其次，实施居民问卷调查。实地调研的一个关键环节是居民问卷调查。图书馆可以设计多元化的问卷，包括关于阅读兴趣、信息需求、文化活动参与意愿等方面的问题。通过问卷调查，图书馆能够全面把握社区居民的需求，为制定后续服务计划提供数据支持。

再次，深入社区走访与座谈。除了问卷调查，图书馆应当通过深入社区走访，与居民面对面交流。这种座谈方式能够更深入地了解居民的真实需求，听取他们的建议和意见。通过与社区居民的直接互动，图书馆能够建立更加紧密的联系，增进彼此的信任感。

最后，整合多元数据形成调研报告。实地调研的数据需要进行整合和分析，形成一份全面的调研报告。这份报告不仅包括社区居民的需求，还可以加入对竞争对手图书馆、社区文化特色等方面的分析。这一全景式的调研报告将为图书馆后续的服务策略制定提供丰富的信息。

通过细致入微的社区了解，图书馆可以更加深刻地认识社区的多样性，更有针对性地满足居民的需求，为社区文化服务提供有力支持。

2. 定期更新的问卷调查

首先，图书馆首先应组建专业的问卷设计团队，由信息科学、社会学、心理学等多个领域的专业人员组成。这个团队负责定期更新问卷内容，确保问题的科学性、全面性，以及符合居民的实际需求。

其次，图书馆需要根据社区的特点和变化情况，设定合理的调查频率。较为活跃和多元的社区可能需要更频繁的调查，以及时捕捉变化和新趋势。同时，问卷的更新应当考虑社区活动季节、重大事件等因素，确保问卷的时效性。

再次，问卷调查方式可以多样化，包括线上线下结合的方式。线上调查可以通过社交媒体、图书馆官方网站等平台进行，以适应数字化时代居民的习惯。同时，线下调查可以通过座谈会、社区活动等形式，深入了解居民的实际感受和建议。

从次，为确保问卷调查的高参与度，图书馆需要进行充分的宣传与教育。这可以包括制作宣传海报、在社区广场开展宣传活动、通过社交媒体传递信息等。同时，还可以提供问卷填写的培训，让居民了解其重要性，激发积极性。

最后，图书馆需要建立及时的反馈机制，对问卷结果进行快速分析和总结，并将结果以透明的方式反馈给社区居民。同时，图书馆需要在服务策略中灵活调整，充分利用问卷结果指导图书馆的各项服务工作，确保服务贴合社区居民的期望。

通过建立定期更新的问卷调查机制，图书馆能够及时了解社区居民的需求和反馈，为服务策略的调整提供科学依据，实现服务的高度贴近和社区的持续发展。

（二）社区参与策略的制定

1. 个性化服务计划的设计

首先，在设计个性化服务计划之前，图书馆需要深入了解社区居民的多样性需求。通过定期的问卷调查、座谈会、走访等方式，全面了解社区居民的文化兴趣、阅读偏好、学习需求、职业特点等信息。

其次，划分服务群体和需求。将社区居民按照年龄、职业、兴趣爱好等特征进行划分，形成不同的服务群体。同时，对每个群体进行详细的需求分析，确定他们在图书馆服务方面的个性化需求。

再次，定制服务计划。根据不同群体的需求特点，制定相应的个性化服务计划。例如，对于青少年群体可以推出丰富多彩的文学活动，对于职场人士可以提供与职业发展相关的学习资源和活动，对于老年群体可以推出健康生活与文化娱乐相结合的活动。

从次，设计好个性化服务计划后，图书馆需要通过多种途径进行推广和宣传。这包括制作宣传册、在社区广场举办推介活动、通过社交媒体发布信息等。让社区居民了解到有专门为他们设计的服务计划，并鼓励他们积极参与。

最后，设计个性化服务计划后，图书馆需要建立反馈机制，鼓励社区居民提出建议和意见。通过持续的反馈收集，图书馆可以及时调整服务计划，确保其与社区居民的需求保持一致。

通过以上步骤，图书馆可以建立一个科学、灵活、贴近社区居民需求的个性化服务计划。这不仅有助于提高图书馆服务的实用性和吸引力，也能够加强图书馆与社区居民的紧密联系，推动社区文化的繁荣。

2. 文化活动的多样推出

首先，在制定文化活动计划之前，图书馆需要深入了解社区的文化底蕴和居民的特点。这可以通过与社区居民的交流、参与社区活动、研究社区历史等方式进行。了解社区的特色文化和居民的兴趣爱好，为后续的文化活动计划提供指导。

其次，根据社区特点和居民需求，确定不同主题的文化活动。这可以包括文学、艺术、手工艺、历史等多个方面，以满足不同居民群体的兴趣。例如，可以安排一系列文学名著讲座、艺术家访谈、手工艺品展示等。

再次，为每个主题设计详细的活动内容，确保活动既有趣又富有教育性。例如，在文学讲座中可以邀请知名作家分享创作心得，艺术展览可以结合艺术史背景进行解读，手工艺品制作活动可以教授居民实际的手工技能。

从次，推广和宣传。在文化活动计划确定后，图书馆需要通过多种方式进行推广和宣传。可以通过社区广告牌、社交媒体、宣传册等手段，向社区居民介绍即将举办的文化活动。确保信息的广泛传达，提高居民的参与度。

最后，根据文化活动计划，定期举办各类文化活动。保持活动的多样性和连续性，以确保社区居民能够持续参与。同时，通过不同形式的反馈机制，了解居民对活动的满意度和建议，以不断优化文化活动计划。

3. 社交媒体与线下结合的联系方式

首先，在制定社交媒体与线下结合的参与策略之前，图书馆需要先建立完善的在线社区平台。这可以包括图书馆的官方网站、社交媒体账号（如微博、微信等）以及在线论坛等。确保这些平台信息更新及时、界面友好，以提高社区居民的参与度。

其次，通过社交媒体发布各类吸引人的内容，包括图书馆活动预告、阅读推荐、文化知识小贴士等。这样的内容不仅能够传递图书馆最新信息，也能够引起社区居民的兴趣，促使他们参与线上互动。

再次，通过社交媒体平台，图书馆可以开展各类线上互动活动，如在线读书会、文学讨论、投票活动等。这种活动有助于拉近图书馆与社区居民的距离，建立更加紧密的联系。同时，定期举办这些互动活动，保持社区居民的活跃度。

从次，设计线上线下互通的会员制度，社区居民可以通过线上平台注册成为会员，享受线上线下双重服务。例如，线上可以预约图书、参与线上互动活动，线下则可以享受更多的实体图书馆服务。这种方式不仅提高了图书馆的社交媒体参与度，也增加了居民参与线下活动的动力。

最后，定期分析社交媒体平台上的互动数据，了解社区居民的反馈和参与情况。通过数据分析，图书馆可以更准确地了解社区居民的需求和兴趣，及时调整线上互动策略，以更好地满足居民的期望。

二、社区文化活动与社区议题讨论的组织与推动

（一）社区文化活动的丰富性

1. 多元化的艺术展览

社区图书馆可以通过策划多元化的艺术展览，包括绘画、摄影、雕塑等形式，展示本地艺术家和居民的创作成果。这不仅提供了一个展示个人才华的平台，也为社区居民提供了欣赏和交流的机会，促进了艺术文化的传播。

2. 丰富而深入的文学讲座

社区图书馆可以邀请知名作家、文学评论家进行丰富而深入的文学讲

座。这些讲座不仅有助于推广优秀文学作品，还能够引导居民深入思考文学作品背后的文化和社会议题，提升整个社区的文学素养水平。

3. 音乐文化的交流平台

通过组织音乐会等音乐文化活动，社区图书馆可以为居民提供一个共同欣赏音乐的交流平台。这有助于培养居民对不同音乐风格的鉴赏力，同时促进了社区居民之间的情感交流。

4. 综合性的社区文化节

社区图书馆可以定期举办综合性的社区文化节，集结各类文艺表演、手工艺市集、美食分享等活动。这种文化节的多样性既能够满足不同居民的兴趣需求，又能够提高社区居民的凝聚力和参与度。

（二）社区议题讨论的引导

1. 关注社区关切的议题

在社区图书馆组织社区议题讨论时，首先应该关注社区居民普遍关切的议题。这可能涵盖社区发展、环境问题、社会公益等方面。通过深入了解社区需求，可以更有针对性地引导讨论。

2. 专业人士的参与

为确保讨论的深入和专业性，社区图书馆可以邀请相关领域的专业人士，如社会学家、环保专家等，为社区居民提供专业的信息和观点，促使讨论更具深度和广度。

3. 开展座谈和小组讨论

通过座谈和小组讨论的形式，社区图书馆可以鼓励更多的居民参与进来，分享个人看法和经验。这种形式有助于拉近居民之间的距离，形成更加紧密的社区联系。

4. 制定社区倡议和行动计划

社区图书馆可以在讨论的基础上，协助社区居民制定相关的社区倡议和行动计划。通过共同制定并实施这些计划，社区居民将更加积极地参与社区建设，增强对社区事务的参与感和责任感。

通过组织多样化的文化活动和引导社区议题讨论，社区图书馆不仅成了文化和知识的交流中心，也激发了社区居民对社会事务的关注和参与。这种组织与推动的方式不仅有助于满足多样化的文化需求，也能够促进社区的全面发展。

三、社区参与型图书馆建设与管理模式的创新

（一）社区参与型图书馆的理念

1. 明确社区参与的本质

社区图书馆的发展应当根植于明确的社区参与理念，确保社区居民不再被视为服务的被动接受者，而是图书馆事业的共同参与者和创造者。这一理念的深化需要基于对社区居民需求的深刻理解，旨在建立起图书馆与社区居民之间平等、共建的关系，将社区居民引入图书馆事业的方方面面，实现共融共赢。

首先，建社区图书馆应当在文化氛围的构建上明确社区参与的本质。通过打造共同体验的文化氛围，图书馆可以将社区居民吸引到共同的文化空间中，促使他们愿意积极参与图书馆的活动。这包括定期的文学分享会、艺术展览、读书讨论等，通过丰富多彩的文化活动激发社区居民的兴趣和热情。

其次，在明确社区参与的本质过程中，图书馆需要着重构建信息共享的平等机会。这可以通过建立开放式的信息交流平台，包括线上社交媒体和线下互动空间，使社区居民能够分享自己的阅读心得、文化发现等。同时，图书馆也可以主动将最新的文化信息、知识资源传递给社区居民，保证信息的双向流通。

再次，图书馆的决策过程中，社区居民的参与应当被强调。这体现在

馆藏书籍的选择、活动的规划等方方面面。通过设立社区委员会或者座谈会，让社区居民直接参与到图书馆事务的决策环节，确保服务更贴近社区居民的需求，同时也树立起图书馆与社区居民平等协作的良好形象。

最后，社区图书馆的文化价值观应当由社区居民共同创造。这包括对文化的理解、对知识的追求等方面。通过组织文学创作比赛、文化沙龙等活动，图书馆可以激发社区居民参与文化创造的热情，形成共同的文化价值观，推动整个社区的文化发展。

通过明确社区参与的本质，社区图书馆能够更好地发挥其在社区中的作用，实现与社区居民之间更加密切的互动，共同推动文化事业的繁荣。这一理念的贯彻不仅提升了图书馆的服务水平，也在更大范围内促进了社区的发展。

2. 倡导服务的共创和共享

社区图书馆致力于通过多元的方式倡导服务的共创和共享，旨在让社区居民更深度地参与到图书馆的服务设计和运作中，从而提升服务的质量和社区凝聚力。

首先，社区图书馆可以通过开展创意工作坊，邀请社区居民参与到服务内容的创新和设计中。这些工作坊可以涵盖馆藏书籍的选择、活动的策划等方面，通过集思广益的方式，形成服务共创的氛围。工作坊的设计要贴合社区居民的兴趣和需求，激发他们的创造力和参与热情。

其次，定期组织座谈会和讨论会，将图书馆的决策过程纳入社区居民的讨论范围。社区居民可以就图书馆的服务提出建议、表达期望，甚至参与决策。这种座谈会不仅可以为图书馆提供有益的建议，还促进了社区居民对图书馆服务的深入了解和认同感。

再次，倡导共创和共享的理念，可以在馆藏书籍的选择过程中得以体现。通过征集社区居民的意见，或者设立由社区居民组成的馆藏委员会，使他们成为馆藏书籍选择的共同参与者。这样的参与不仅能够确保馆藏更贴近社区需求，也提升了社区居民对图书馆的责任感和归属感。

最后，通过建立开放平台，社区居民可以提出各种活动建议，并由图书馆提供支持。这种活动建议的共创方式可以包括文学沙龙、手工艺展示、讲座等多样化形式，使社区居民在文化活动中真正成为共同的创造者。

通过倡导服务的共创和共享，社区图书馆不仅能够提高服务的质量，更能够建立起与社区居民之间更加紧密的联系，形成真正共同发展的文化空间。这一理念的实践不仅让服务更贴近居民需求，也使图书馆成为社区共同体的一部分。

3. 建立社区居民的文化主体意识

社区图书馆秉持着建设共融文化共同体的理念，旨在培养并建立社区居民的文化主体意识。通过多样的活动和资源的展示，社区图书馆将每位居民视为文化的创造者和分享者，鼓励他们在文化建设中发挥独特作用，为社区文化的繁荣和多元性添砖加瓦。

首先，社区图书馆可以通过各类媒介，如图书馆网站、社交媒体等平台，展示社区居民在学业、艺术、文学等方面取得的文化成就。这可以包括个人成就展示、专题报道等形式，以凸显社区居民的多元才华和贡献，激发其他居民的文化参与欲望。

其次，为了促使社区居民更加积极地参与到文化创造中，社区图书馆可以组织居民文化分享活动。这可以包括座谈会、文学沙龙、艺术作品展览等形式，为居民提供一个展示自己文化兴趣和爱好的平台。通过这样的分享活动，居民不仅能够互相了解，还能够汲取他人的文化经验，促进社区文化的共同成长。

再次，社区图书馆可以通过提供资源支持和培训，帮助居民更好地表达和展示自己的文化特长。这可以包括提供艺术创作工具、开设文学写作班等方式，使居民能够更专业、更自信地参与到文化创造中来。

最后，为了进一步培养文化主体意识，社区图书馆可以鼓励跨领域的合作。例如，文学家与艺术家的合作、学生与职业人士的共同项目等，通过不同领域的碰撞，激发更多创新和文化交流。

通过这一系列的措施，社区图书馆致力于在社区居民中建立起文化主体意识，使每一位居民都能够成为文化的创造者和分享者，为社区文化的繁荣贡献自己的力量。这一理念的实践将使社区文化更加丰富多彩，成为居民自身认同感的重要来源。

4. 促进社区居民之间的互动

社区图书馆作为社区文化的中心，具有重要的社交功能。通过组织各类合作项目，社区图书馆可以有效促进社区居民之间的互动，创造更加融洽和谐的社区环境。

首先，社区图书馆可以创建多元合作项目，覆盖不同文化背景和兴趣领域。这可以包括文学与艺术的交汇、技能培训项目、社区服务活动等。通过多元的项目设置，能够满足社区居民多样化的需求，为不同群体提供参与的机会。

其次，为了增强互动效果，社区图书馆可以采用一系列措施激发居民的主动参与。例如，设立社区创意基金，资助居民发起自己的社区项目；开展居民投票，由居民共同决定社区文化活动的方向等。这样的方式能够使居民更加积极地融入社区文化建设中。

再次，社区图书馆还可以通过建立跨世代、跨文化的互动机制，促进不同年龄层次和文化背景的居民之间的互动。例如，组织青少年与老年人的技能交流班、开展文化主题的跨文化座谈会等。这有助于打破群体间的隔阂，增进社区居民之间的了解和认同。

最后，社区图书馆可以建立社区志愿者团队，由居民自愿参与，共同推动社区文化建设。志愿者团队可以负责组织各类文化活动、提供邻里服务等，增进社区居民之间的联系，形成更紧密的社区网络。

通过这一系列措施，社区图书馆有望成为促进社区居民互动的重要平台。建立一个多元、开放、互助的社区环境，有助于提高居民的社区归属感，加强社区凝聚力，使社区成为居民共同成长、分享和欢乐的场所。

（二）创新的建设与管理模式

1. 引入数字化技术提升服务效能

社区图书馆作为社区服务的重要场所，通过引入数字化技术，可以更好地满足社区居民的需求，提升服务的效能。数字化技术的运用将使图书馆服务更加便捷、智能化，并促进社区文化的发展。

首先，社区图书馆可以建立综合的线上平台，包括网站和移动应用。这个平台不仅提供图书馆馆藏的数字化检索功能，还能够推送图书馆最新的文化活动、服务信息等。居民可以通过线上平台查询资料、预约活动、参与线上社区讨论等，实现信息的全方位互动。

其次，引入数字化技术，社区图书馆可以实现数字化馆藏和阅览服务。这包括数字图书馆的建设，使一部分馆藏以电子书形式呈现，方便居民在线阅读。同时，通过数字化阅览服务，居民可以在图书馆内使用数字设备，浏览在线杂志、新闻等，提高阅读的便捷性。

再次，社区图书馆还可以通过数字化手段推广社区文化。建立社区文化数据库，收集整理社区历史、风土人情等信息，通过数字展览、在线讲座等形式向居民展示。这有助于加深社区居民对自身文化的认同感，激发对社区的热爱。

最后，引入数字化技术也可以实现智能化的服务和管理。例如，通过智能化图书馆管理系统，可以更好地统计分析借阅情况，调整馆藏结构；通过自动化预约系统，提高活动参与的效率。这样的智能化服务和管理将使图书馆更具创新性和高效性。

通过数字化技术的引入，社区图书馆不仅能够提升服务效能，更能够适应数字时代的阅读和文化需求。数字化技术为图书馆和社区居民搭建了更为便捷、高效的沟通桥梁，为社区文化的繁荣和发展提供了新的机遇。

2.志愿者团队的建立

社区图书馆在创新建设与管理模式的过程中，应当积极推动志愿者团队的建立。通过志愿者的参与，可以更好地整合社区资源，减轻图书馆工作人员的负担，促进社区居民对图书馆的深度参与。

首先，在建立志愿者团队之初，需要明确志愿者的定位和任务。这包括明确志愿者的角色，例如辅助图书整理、协助活动组织，还是提供特定领域的专业支持。同时，要为志愿者制定明确的工作任务和责任，确保志愿者的参与是有针对性和效果的。

其次，建立志愿者培训机制是志愿者团队建设的关键一环。图书馆可以与专业培训机构合作，为志愿者提供相关领域的培训，提高其图书整理、活动组织等方面的专业水平。培训内容可以包括图书分类知识、活动策划技巧等，确保志愿者在服务过程中能够胜任各种任务。

再次，为激发志愿者的积极性，图书馆可以设计一系列的激励机制。这可以包括志愿服务时的荣誉证书、奖励活动等，以及在图书馆内设立志愿者荣誉角，展示志愿者的贡献。通过这些激励手段，能够增强志愿者的服务热情，促使其更加投入到图书馆的建设中。

最后，志愿者团队的建立需要一个有效的沟通机制。图书馆可以建立志愿者联络小组，定期组织例会，及时了解志愿者的需求和反馈。同时，可以通过线上平台，发布工作安排、培训资料等信息，使志愿者在服务中能够更加协同和高效地工作。

3.社区咨询委员会的设立

社区图书馆在推动创新建设与管理模式的同时，可以积极设立社区咨询委员会，以确保社区居民的声音能够被有效纳入图书馆的决策和管理过程中。社区咨询委员会是一种有效的参与机制，有助于更好地体现社区居民的需求和期望。

首先，在设立社区咨询委员会之初，需要明确委员会的组成和职责。

委员会的成员应当广泛涵盖社区居民的不同群体，包括不同年龄段、职业、文化背景等。委员会的职责包括定期召开会议，讨论图书馆的服务计划、发展方向，提出建议和意见。

其次，社区咨询委员会应当建立定期的咨询机制，例如每季度或半年召开一次会议。这样可以确保社区居民对图书馆的关切和期望能够及时传达给管理层。咨询会议可以采用座谈、问卷调查等形式，收集社区居民的意见，形成决策的参考依据。

再次，为了更好地搭建社区居民与图书馆管理层之间的沟通桥梁，社区咨询委员会可以组织座谈会、讲座等形式，促进居民之间的交流，增进对图书馆服务的共识。此外，可以通过线上平台建立反馈渠道，让更多社区居民能够参与到意见收集中来。

最后，为了确保社区咨询委员会的工作独立、公正，可以引入第三方机构或专业人士进行监督。这有助于维护委员会的权威性，使其能够更好地履行咨询和建议的职能。

4.线上线下结合的服务模式

社区图书馆在创新建设与管理模式时，应当积极探索线上线下结合的服务模式，以满足社区居民多样化的需求和习惯。这一模式将传统的线下服务与数字化的线上服务相结合，为社区提供更为灵活和全面的服务。

首先，社区图书馆可以构建线上服务平台，建设图书馆官方网站或APP，提供在线图书借阅、数字资源下载、电子阅读推荐等功能。线上平台不仅方便社区居民随时随地获取图书馆资源，还能够通过个性化推荐系统提供更符合居民兴趣的服务。

其次，通过线上平台，社区图书馆可以推出各类虚拟社区活动，如线上阅读俱乐部、网络培训、在线讲座等。这样的活动可以吸引更多居民参与，特别是那些因时间或地点限制无法参与传统线下活动的居民。同时，社区居民可以在虚拟空间中互相交流，增进社区的凝聚力。

再次，社区图书馆在线上平台上整合数字资源，包括电子书籍、在线期刊、数字展览等，以提升服务水平。通过数字化的手段，社区图书馆能够更好地满足居民的学习和娱乐需求，拓展服务领域。

最后，社区图书馆可以定期在线上平台上开展互动活动，如在线读书会、作品征集等。这有助于促进社区居民之间的交流，形成线上社区，打破时空限制，增加社区的凝聚度。

通过线上线下结合的服务模式，社区图书馆能够更灵活地适应居民的需求，提供更为便捷和多元的服务。这种创新的服务模式不仅拓展了图书馆的服务范围，也推动了图书馆在数字化时代的发展。

第二节 公共图书馆与教育机构合作的创新模式

一、学校与图书馆的跨界合作与资源共享

（一）跨界合作的背景与意义

1. 背景

在现代社会，学校和图书馆作为知识传播的两大重要机构，其合作能够最大限度地整合资源，为学生和社区提供更为全面的服务。

2. 意义

跨界合作能够实现资源共享，提高教育与阅读服务的质量，培养学生综合素养，推动社区文化建设。这一合作不仅为图书馆注入新的教育元素，也为学校提供了更广泛的文化资源。

（二）合作模式的创新

1. 数字资源整合

建立学校与图书馆的数字资源整合平台，学生和教师可通过该平台获

取到丰富的数字图书馆资源，包括电子书、学术期刊等。这种合作模式使得学校教学更富有创意和多样性。

2. 社区阅读计划

学校与图书馆共同发起社区阅读计划，鼓励学生和社区居民广泛参与。通过定期的阅读活动，加深学校与社区图书馆之间的联系，推动阅读文化在整个社区的传播。

3. 联合培训与研讨

定期组织教师培训和学术研讨活动，使学校和图书馆的教育专业人员能够互相分享经验和最新研究成果。这有助于提升教育水平和图书馆服务质量。

（三）资源共享与互动机制

1. 图书馆馆藏开放

学校与图书馆共同制定政策，将图书馆馆藏对学生开放借阅，拓展学生的阅读资源。学生可以在学校获取到更多的图书馆资源，而图书馆也通过学校渠道更好地服务学生。

2. 教育活动合作

学校和图书馆可以共同策划教育活动，如读书分享会、文学讲座等，提供更广泛的学科体验。这样的活动既能满足学生的学科兴趣，又能促使学生更积极地利用图书馆资源。

3. 虚拟教室建设

学校与图书馆建立虚拟教室，通过远程教学技术，让学生能够在校内或校外参与图书馆的在线讲座、文献检索培训等，实现资源的全方位利用。

跨界合作和资源共享的创新模式使得学校和图书馆能够充分发挥各自的优势，提供更为综合和个性化的教育与阅读服务，助力学生全面发展。这一模式也为社区居民提供了更多元、高效的学习与阅读资源。

二、教育活动与课程服务的定制与提供

（一）定制教育活动

1.学科交叉

学校和图书馆可以合作设计学科交叉的教育活动，例如通过文学赏析促进语文素养、利用历史文献展开历史研究等。这样的活动有助于拓展学生知识面，培养跨学科思维。

（1）跨学科思维的重要性

首先，拓展知识面。学科交叉的教育活动有助于打破传统学科边界，使学生接触到更广泛的知识领域。通过文学赏析、历史研究等活动，学生能够在不同学科中获取新的知识和视角。

其次，培养创新力。学科交叉需要学生运用不同学科的知识解决问题，这促使他们培养创新思维和解决问题的能力。这种跨学科的思考方式对于学生未来的职业发展具有重要意义。

再次，提升学科综合素养。学科交叉活动使学生在实际问题中应用多学科知识，提升了他们的学科综合素养。这有助于学生更全面地理解和运用所学知识。

最后，促进跨学科合作。学科交叉不仅仅是学生个体能力的培养，还有助于促进跨学科合作。学校和图书馆的跨界合作为学生提供了更多合作的机会，使他们学会与他人协同工作。

（2）教育活动设计与实施

首先，学校和图书馆可以共同设计跨学科的主题课程，将相关学科的知识融入其中。例如，通过研读文学作品，结合历史文献进行讨论，拓展学生对历史和文学的综合理解。

其次，邀请跨学科领域的专业人士，开设讲座和工作坊。这既能够为

学生提供实际的专业知识，又能促进学科交叉的思维方式。

再次，组织学生参与跨学科的项目实践，例如组织历史考古实地考察、文学作品改编表演等。通过实际项目，学生能够更深入地理解不同学科的关联性。

最后，交流和展示活动。定期组织学生展示学科交叉的成果，鼓励他们分享在项目中的经验和收获。这有助于建立学生的自信心，同时也能够激发其他学生的兴趣。

通过设计和实施学科交叉的教育活动，学校和图书馆共同促进了学生的跨学科思维，为其提供了更广泛的知识和技能。这种合作模式不仅有益于学生的全面发展，也为学校和图书馆的资源共享提供了新的可能性。

2. 创客与艺术

通过联合的创客工坊和艺术课程，学校和图书馆可以激发学生的创造力和想象力。这种定制的教育活动使得学生在实践中更好地理解知识，同时促进了学科之间的融合。

（1）激发学生创造力的重要性

首先，培养实践能力。通过创客工坊和艺术课程的结合，学生有机会将理论知识应用于实际创作中，培养了他们的实践能力。这有助于将学科知识转化为实际技能。

其次，促进学科之间的融合。创客和艺术活动往往涉及多学科的知识，例如科学、技术、工程、艺术等。这有助于打破学科之间的界限，促进跨学科的综合性学习。

再次，培养创新思维。创客和艺术活动强调独立思考和创新，培养了学生的创新思维。这对于他们未来的职业发展和解决实际问题具有重要意义。

最后，提升学生想象力。艺术和创客的结合能够激发学生的想象力，使他们更具创意。这种想象力是培养未来领导者和创业者所必需的。

（2）教育活动设计与实施

首先，开设创客工坊。学校和图书馆可以合作开设创客工坊，提供 3D 打印、编程等技术培训，并鼓励学生运用所学知识进行创意设计和制作。

其次，艺术课程融入创客活动。在艺术课程中融入创客活动，例如利用科技手段进行数字艺术创作，使学生能够将科技与艺术相结合。

再次，组织跨学科项目。设计跨学科的项目，让学生在项目中运用创客和艺术技能。例如，设计一个融合艺术表现和科技应用的创意展览。

最后，学生作品展示。定期组织学生作品展示，激发学生的创造力，同时增强学生的自信心。

通过结合创客和艺术的教育活动，学校和图书馆共同为学生提供了一个丰富多彩的学习环境。这种融合的教育模式既强调实践能力的培养，又促进了学科之间的融合，为学生未来的发展奠定了坚实基础。

3. 社会实践

定制社会实践项目，使学生能够走出校门，通过参与社区服务、调研等方式将课堂学到的知识应用到实际中。这种活动有助于培养学生的社会责任感和实际动手能力。

（1）社会实践项目的设计与重要性

首先，实践与知识融合。社会实践项目旨在将学生在课堂上学到的理论知识与实际情况相结合。通过亲身参与社区服务和实地调研，学生能够更深入地理解和应用所学的知识。

其次，培养实际动手能力。社会实践注重实际操作，培养学生动手解决问题的能力。这有助于提升他们的实际动手能力，增强解决实际问题的能力。

再次，促进团队协作。在社会实践中，学生通常需要与团队合作，共同完成项目。这有助于培养学生的团队协作和沟通能力。

最后，激发社会责任感。社会实践项目让学生亲身体验社会问题，激发他们的社会责任感。这有助于培养学生对社会的关切与责任，使其成为有担当的公民。

（2）社会实践项目的组织与实施

首先，学校可以与社区合作，定制各类社区服务项目，如环保活动、义务劳动等，让学生参与其中，为社会贡献力量。

其次，设计实地调研项目，让学生深入社会，了解实际问题并撰写调研报告。这有助于提高他们的调研与分析能力。

再次，针对不同专业，组织学生参与专业领域的实践活动，如医学生参与医疗服务、工程学生参与工程项目等。

最后，在社会实践结束后，组织学生进行总结与分享，让他们分享在实践中的收获和体会，促进经验交流。

通过社会实践项目，学生不仅能够在实际中运用所学知识，还能够培养实际动手能力和社会责任感。这种综合性的实践活动为学生的全面发展提供了有力支持。

（二）课程服务的提供

1.专题讲座

学校与图书馆合作开展专题讲座，邀请专业人士就特定主题进行讲解。这样的课程服务可以拓宽学生的知识面，提供更深入的学科内容。

2.信息素养培训

针对学生的信息素养需求，图书馆可以提供专业的信息检索培训，帮助学生更好地利用图书馆资源进行学术研究。

3.学业辅导

图书馆可以提供学业辅导服务，通过课后辅导班、学科讨论组等方式，帮助学生更好地理解和掌握课程知识。

（三）资源共建与共享

1.电子资源共享

学校与图书馆共建电子资源平台，使学生能够在线获取学术期刊、电子书籍等高质量资源。这种共享模式减轻了学校购买电子资源的负担，也为学生提供了更便捷的学术资源。

2. 实践基地建设

学校和图书馆可以共同建设实践基地，为学生提供实地实习和实践机会。这不仅让学生能够将理论知识应用到实际中，同时也为社区提供了专业人才支持。

3. 教育研究合作

学校与图书馆可以共同进行教育研究项目，深入挖掘图书馆资源在学校教育中的作用，为教育改革提供实证支持。

教育活动与课程服务的定制与提供不仅能够满足学生多元化的学科需求，还为学校提供了更灵活、创新的教育资源。这一创新模式有助于学校与图书馆共同推动教育事业的发展。

三、教育资源开放与共建的协作机制

（一）资源共建

1. 数字化资源库

学校与图书馆可以共建数字化资源库，包括学术论文、研究报告、学科资料等。这种数字化资源的共建不仅方便了学校师生获取信息，也提高了图书馆的数字化服务水平。

2. 共建实验室

针对特定学科，学校与图书馆可以共建实验室，提供更好的实践环境。这对于学生的实践能力培养具有积极作用，同时也加强了图书馆在学科建设中的作用。

3. 开放式课程设计

学校与图书馆共同设计开放式课程，引入图书馆的馆藏资源和专业知识。这种合作模式不仅能够拓宽学生的学科视野，也为图书馆的资源利用提供了新的途径。

（二）协作机制

1.定期协商与沟通

学校和图书馆建立定期的协商与沟通机制，包括校方领导、图书馆管理层和教师代表的会谈。通过定期协商，双方能够及时解决问题，调整合作方向。

2.项目管理小组

针对具体的合作项目，建立项目管理小组，由学校和图书馆的代表共同组成。该小组负责项目的计划、执行和评估，确保项目的顺利推进。

3.共同评估与改进

学校和图书馆建立共同的评估机制，定期对合作项目进行评估。根据评估结果，双方共同商讨改进方案，不断提高合作的效益和质量。

通过教育资源的开放与共建，学校和图书馆实现了资源的互通互用，更好地满足了师生的学科需求。协作机制的建立则有助于保持合作的持续性和稳定性。这一创新模式将图书馆与学校更紧密地联系在一起，形成了教育资源共享的新范式。

第三节　文化活动与展览策划

一、文化展览活动的策划与推广

（一）活动主题的确定

在确定文化展览活动的主题时，首先需要进行社区文化需求调研。通过组织座谈会、开展问卷调查等方式，深入了解社区居民对文化展览的兴趣和期望。这一过程有助于确保文化活动主题紧密契合社区需求，提高活动的参与度和吸引力。

1. 社区文化需求的调研方法

社区图书馆可以通过定期的座谈会邀请居民参与，倾听他们对文化活动的建议和意见。同时，开展问卷调查，系统地了解居民的文化兴趣，以及他们期待在文化展览中看到的主题和形式。这些调研方法可以为文化展览的主题设定提供直接的参考依据。

2. 主题与社会热点、历史文化的结合

确定主题时，应该充分考虑社会热点问题和历史文化元素。例如，可以选择与社区当下关注的社会问题相关的主题，通过艺术展览的形式呈现，引起居民的共鸣。同时，挖掘本地的历史文化资源，结合社区的历史传承，为展览注入更深厚的文化内涵。

3. 多维度的文化主题

主题的选择应该涵盖多个文化领域，以满足社区居民不同方面的兴趣。可以考虑结合艺术、科技、历史等多个维度，使文化展览更加丰富多彩。这样的多元性有助于吸引更广泛的观众群体，提升文化活动的影响力。

4. 社区参与的元素

主题设定时，应考虑如何融入社区参与的元素，激发居民的参与热情。可以设置一些互动环节，例如征集居民的文化创意作品，组织社区居民参与主题的讨论活动等。通过引入社区参与的元素，可以使文化展览更具有社区共建的特色，增强居民的参与感和归属感。

（二）展览内容的精心选择

选择展览内容时应考虑多样性，覆盖不同艺术形式、文化领域。这有助于吸引更广泛的观众群体，提升文化活动的影响力。

1. 展览内容选择的背景

在选择文化展览的内容时，必须深入了解社区的文化背景和居民的兴趣。通过组织座谈会、开展问卷调查等形式，全面了解社区居民对不同艺术形式和文化领域的偏好，以确保展览内容能够贴近社区居民的兴趣点。

首先，需要对社区的文化背景进行深刻的分析。这包括社区的历史传承、文化传统、主要文化群体等方面。了解社区的文化背景有助于在展览中反映社区的独特文化特色，增加展览的深度和广度。

其次，通过调研社区居民的兴趣，可以获取更具体的信息。调研可以包括艺术品类的排名、文化活动的偏好等方面，以建立一个全面的居民兴趣图谱。这样的调研将为展览内容的选择提供明确的方向。

2.展览内容选择的原则

在选择展览内容时，应当遵循一系列原则，以确保内容的多样性、专业性和贴近社区需求。

首先，选择的展览内容应具有多样性，覆盖不同艺术形式和文化领域。这包括绘画、摄影、雕塑等多种艺术形式，以及历史文化、科技文化、传统文化等多个文化领域。通过呈现多元化的内容，可以吸引更广泛的观众，满足不同居民的审美和文化需求。

其次，选择的展览内容应具有一定的专业性。这意味着展览的内容不仅要具有艺术性和文化性，还需要反映专业领域的深度。可以通过邀请专业的艺术家、学者参与，确保展览内容在专业性上达到一定水平。

最后，选择的展览内容必须符合社区的文化需求。这需要建立在深入了解社区居民文化喜好的基础上，确保展览内容能够引起居民的兴趣和共鸣。只有充分考虑社区需求，展览才能真正成为社区文化活动的一部分，得到居民的认可和支持。

（三）合作与资源整合

在文化展览活动的策划过程中，与本地艺术家、文化机构等建立合作关系，并实现资源共享，是确保展览成功举办的关键步骤。这种合作不仅能够丰富展览内容，还为各方提供了更多发展和展示的机会。以下是合作与资源整合的具体步骤和优势。

1. 建立与艺术家的合作关系

在策划文化展览活动时，与本地艺术家的合作是展览成功的基石。通过与艺术家紧密合作，图书馆可以获得更多原创作品，使展览更具独特性和艺术性。合作的方式可以包括邀请艺术家创作特定主题的作品，或者提供展览空间供艺术家展示个人作品。这种合作不仅促进了本地艺术家的发展，也为社区居民带来了更高水平的文化体验。

2. 与文化机构的合作

与本地文化机构建立合作关系，可以为文化展览活动提供更多元的内容和形式。文化机构可能涵盖艺术、历史、传统工艺等多个领域，通过与这些机构合作，图书馆可以借助它们丰富的资源。合作的形式包括共同举办文化活动、展览内容的交流与借用，甚至是联合策划大型文化节等。这样的合作不仅丰富了展览的内容，还加强了文化机构之间的交流与合作。

3. 实现资源共享的优势

（1）丰富展览内容

通过与本地艺术家和文化机构合作，可以获取更多元的展览内容。艺术家和文化机构的参与不仅丰富了艺术作品的种类，也为展览增添了更多文化元素，满足不同观众的审美需求。

（2）提高展览水平

艺术家和文化机构通常具有一定的专业性和影响力，他们的参与将提高展览的艺术水平和学术价值。观众不仅能够欣赏到高水平的艺术作品，还能从中获取更深层次的文化体验。

（3）促进本地文化发展

通过与本地艺术家和文化机构的合作，图书馆可以促进本地文化的发展和传承。支持本地艺术家的创作，推动传统文化的传承，使文化展览成为社区文化发展的重要推动力。

（4）拓展社区影响

与多方合作有助于扩大展览的社区影响力。本地艺术家和文化机构的参与将吸引更多观众参与文化活动，提升社区文化氛围。

在实践中，合作与资源整合不仅是展览活动的成功因素，也是推动社区文化发展的有效途径。通过构建紧密的合作网络，文化展览将更好地为社区居民提供丰富多彩的文化体验。

（四）推广渠道的设计

在文化展览活动的策划中，设计有效的推广渠道是确保展览能够吸引更广泛观众群体的关键环节。通过合理利用社交媒体、地方媒体等平台，制定科学合理的推广计划，有助于提高文化展览的知名度，吸引更多观众的参与。

1.社交媒体平台的利用

在当今数字化时代，社交媒体平台已成为信息传播的重要渠道。通过在主流社交媒体平台（如微博、微信等）上发布文化展览的相关信息，包括活动介绍、艺术家访谈、展览亮点等，可以迅速传播展览信息。此外，还可以通过制作宣传视频、互动话题等形式，增强观众对文化展览的关注度和参与度。

2.地方媒体的合作与报道

地方媒体是连接图书馆与社区居民的桥梁，通过与地方媒体建立良好的合作关系，可以在文化展览策划阶段提前进行报道。利用报纸、电视、广播等媒体进行详细介绍，包括展览的主题、亮点、参展艺术家等信息，可以吸引更多当地居民的注意，提高文化展览的知名度。同时，通过媒体的报道，还能够为展览活动树立专业、有影响力的形象，为文化展览吸引更多参与方提供可靠的信息来源。

3.科学制定的推广计划

制定一份科学合理的推广计划是成功推广的基础。首先，明确目标观众群体，有针对性地选择合适的推广渠道。其次，设计引人注目的宣传素材，如海报、宣传册等，通过视觉效果吸引观众。另外，定期更新展览信息，保持观众的新鲜感。推广计划中还可以包括一些互动环节，如线上投票、评论互动等，增加观众的参与度。

通过以上措施，社交媒体的广泛传播、地方媒体的专业报道以及科学制定的推广计划将共同构建一个多维度的推广网络，提高文化展览的曝光度和吸引力。这有助于确保文化展览充分传递信息，引起社区居民的浓厚兴趣，使展览活动取得更大的成功。

二、文化艺术交流与展示平台的建设与管理

（一）平台的多样性

在建设文化艺术交流与展示平台时，多样性是确保平台能够满足不同观众需求的重要因素。

1.线上平台的数字技术展示

线上平台通过数字技术展示作品，为广大观众提供了便捷的观赏途径。

首先，虚拟画廊是线上平台的重要组成部分，它通过数字化的手段再现了传统画廊的场景，使观众可以在家中感受到逼真的艺术展览。这种形式不仅使观众能够在舒适的环境中欣赏艺术品，还通过虚拟展览导览、艺术家访谈等功能，丰富了观赏体验。

其次，在线展览通过网络平台向观众展示各种文化艺术作品，包括绘画、雕塑、摄影等多种形式。观众可以根据个人兴趣随时随地进行观赏，这一灵活性极大地拓展了文化艺术的传播范围。

2.线下平台的实地观赏和互动体验

线下平台通过物理空间的呈现，为观众提供了更加有深度的文化艺术体验。

首先，实体画廊和展览馆是线下平台的代表，通过展示实体艺术品和搭建专业展区，为观众创造了近距离感受艺术的机会。观众可以欣赏到真实的艺术作品，感受到艺术品与自己之间的空间共鸣。

其次，互动体验是线下平台的独特之处。通过设置互动展品、艺术家工作坊等环节，观众可以参与到艺术创作的过程中，与艺术家面对面交流，深入了解作品背后的艺术理念。这种实地的互动体验不仅让观众更深入地理解艺术，也激发了他们的创造力和参与热情。

这样的多样性设计不仅为观众提供了更灵活、更贴近的文化艺术体验，同时也促进了文化艺术的广泛传播。通过线上线下的结合，文化艺术不再受制于时间和空间的限制，更好地融入人们的日常生活。这种多元化的设计有助于满足不同群体的需求，推动文化艺术事业的不断创新和发展。

（二）互动性的加强

首先，通过在线评论的设置，文化艺术交流与展示平台可以搭建观众与艺术家、文化从业者之间直接沟通的桥梁。观众可以在观赏艺术品的同时，通过平台提供的评论区表达对作品的看法、感受和思考。这种开放的互动空间不仅为观众提供了分享个人观点的机会，也为艺术家提供了解观众反馈的途径。艺术家可以通过仔细阅读评论了解观众对作品的理解和感受，从而更好地调整创作方向或深化作品内涵。

其次，线下座谈环节的设置是互动性设计的延伸。线下座谈可以通过邀请艺术家、策展人等文化从业者参与，为观众提供与专业人士面对面交流的机会。这种深度交流不仅能够帮助观众更深入地理解艺术作品背后的创作理念，还促进了观众对文化艺术更全面的认知。同时，艺术家也能通过座谈了解观众的反馈和期待，为未来的创作提供更加丰富的参考。

（三）平台管理与维护

1. 在信息更新方面的建设

建设专业的信息更新体系需要一支充满创意和专业素养的团队。这支团队负责收集、整理和更新展览内容、艺术家介绍等信息。他们不仅要了解艺术领域的最新动态，还需具备对不同观众群体兴趣的洞察力，以保证平台呈现的内容既具有专业性，又能够吸引不同层次的观众。

2. 展品保养的专业监管

平台管理体系需要有专业人员负责展品的保养。这包括定期检查展品的状态，进行必要的修复和保养工作，确保作品在展示中能够保持最佳的艺术效果。这一环节不仅需要具备对不同材质、风格作品的保养知识，还需要有对展览空间布局的深刻理解，以最大限度地展示作品的艺术魅力。

3. 在线互动监管机制的建立

为了防范不良信息的传播，需要建立有效的审核机制。这可能包括对评论、互动内容的实时监控和审查，以确保平台呈现的信息和互动内容是积极向上、与文化艺术主题相关的。这一机制的建立需要结合数字技术，借助人工智能等工具，使审核过程更为高效和精准。

这三个方面的专业管理，保障了文化艺术交流与展示平台的高效运作。通过合理的分工和专业团队的支持，平台得以在信息传递、艺术品展示和互动环节实现更为全面和深入的管理，确保平台在观众中的声誉和影响力。

（四）合作机制的建立

1. 签署合作协议促进深度合作

通过协议，参与方能够明确各自的责任和义务，明确资源共享的方式，以及合作期限和目标。签署合作协议有助于建立平等、互利的关系，为深度合作奠定基础。在合作协议中，可以明确合作方在文化艺术平台策展、宣传推广、活动举办等方面的具体合作计划。

2. 共建文化项目提升平台影响力

合作机制的建立可以通过共建文化项目来实现。例如，与艺术学院合作，共同策划青年艺术家作品展；与美术馆合作，共同举办古代艺术品展览。这样的合作不仅能够整合资源，提升文化艺术平台的展示水平，也有助于吸引更广泛的观众群体，促进文化艺术的多层次传播。共建文化项目要求各方充分发挥各自的优势，实现协同创新，为社区带来更多丰富的文化体验。

3. 促进文化艺术事业的蓬勃发展

通过与其他文化机构深度合作，文化艺术平台能够更好地整合社会资源，实现优势互补。这有助于提升文化艺术平台在社区的地位，形成更加完善的文化生态系统。通过共同努力，各方能够推动文化艺术事业的良性发展，为社区居民提供更多元、更富有深度的文化体验。

三、文化传承与创新活动的组织与推动

（一）传统文化的传承

首先，通过传统手工艺展示，社区图书馆可以在文化传承活动中扮演引领角色。第一，确定展示的传统手工艺种类，可以包括陶艺、刺绣、木雕等多个方面，以确保活动的多样性。第二，邀请具有传统技艺的工匠，通过展示他们的工艺品和实际操作，使社区居民深入了解传统手工艺的工艺过程。这有助于弘扬传统手工艺的价值，唤起社区居民对传统文化的热爱。

其次，民俗文化体验活动是传统文化传承的重要方式。第一，选择具有代表性的传统节日或习俗，例如春节、端午节等，作为体验活动的主题。第二，通过丰富多彩的庆祝方式，如传统节目表演、传统食品制作等，使社区居民在参与中感受到浓厚的传统文化氛围。第三，组织传统游戏比赛，让社区居民通过亲身参与来感受传统游戏的乐趣，拉近人们之间的距离。这样的体验活动有助于让传统文化焕发新的生机，使社区居民更加深入地了解和体验传统文化。

通过这些活动，社区图书馆能够在传统文化传承中发挥引领和推动作

用，为社区居民提供丰富多彩的文化体验，促使其更加深入地了解和参与传统文化的传承。

（二）现代文化的创新

首先，组织现代艺术展览是推动现代文化创新的有效途径。第一，确定展览的主题和范围，可以包括当代绘画、雕塑、摄影等多个领域。第二，邀请当代艺术家参与，通过他们的作品展示现代艺术的多样性和前沿性。这有助于拓展社区居民对艺术的认知，提升他们的审美水平。第三，通过艺术家的解说和互动环节，使社区居民更深入地理解现代艺术的独特魅力。

其次，文化创意市集是另一种创新的方式，可以为社区居民提供全新的文化体验。第一，策划市集的主题，可以包括手工艺品、创意设计、文创产品等。第二，邀请本地创作者和设计师参与，通过市集展示和销售他们的作品。这不仅促进了本地文化创意产业的发展，也为社区居民提供了购物和交流的场所。通过这样的文化创意市集，社区图书馆能够推动文化创新，让现代文化更贴近社区居民的生活。

通过这些活动，社区图书馆在推动现代文化创新方面发挥了引领作用，为社区居民打造了更加丰富多彩的文化空间。

（三）教育活动的开展

首先，通过开展文学讲座，可以深化社区居民对文学的理解。第一，确定讲座的主题，可以包括经典文学作品的分析、文学流派的介绍等。第二，邀请文学领域的专家或学者担任讲座嘉宾，通过专业的讲解和解读，帮助社区居民更深入地理解文学作品的内涵和艺术价值。这样的文学讲座不仅提高了社区居民的文学素养，也促进了对文学的热爱和欣赏。

其次，工作坊是另一种教育性活动，尤其适合传授传统手工艺的制作技巧。第一，选择具有代表性的传统手工艺，如刺绣、陶艺等。第二，邀请有经验的工匠或艺术家作为导师，亲自指导社区居民进行手工艺品的制作。通过实际动手操作，社区居民不仅学到了实用的手工技能，还体验到了传统文化的魅力。这样的工作坊既满足了教育性活动的目标，又促进了文化传承与创新的融合。

通过这些教育性活动的开展，社区图书馆在文化传承与创新中起到了桥梁和引导作用，为社区居民提供了丰富的学习体验。

（四）社区参与的推动

首先，建立社区文化参与机制是推动社区文化多元发展的重要步骤。第一，设立文化建议箱或在线平台，鼓励社区居民提出对于文化活动的建议和意见。第二，组织定期的文化座谈会，邀请社区居民参与，听取他们的文化需求和期望，形成民意反馈。通过这些机制，社区图书馆可以更加准确地了解社区居民的兴趣点，有针对性地策划文化活动，提高参与度和满意度。

其次，为了推动社区文化的多元发展，可以成立社区文化委员会与文化志愿者团队。第一，社区文化委员会可以由社区居民代表组成，负责协调与图书馆相关的文化活动策划、组织与推动。第二，文化志愿者团队可以由热爱文化事业的居民自愿加入，参与文化活动的执行与实施。这样的团队结构既能够凝聚社区的文化力量，又能够培养社区居民的文化责任感和组织能力。

最后，通过社区居民的积极参与，形成共建共享的文化氛围。第一，组织社区文化节，邀请居民参与各类文艺表演、手工艺品展示等活动。第二，通过开展文化竞赛，激发社区居民的文化创造力，推动文化的创新发展。第三，倡导居民共同参与文化活动的理念，形成社区文化共建的良性循环，实现文化的传承与创新相辅相成的局面。

通过以上措施，社区图书馆在推动社区文化参与的过程中不仅发挥了组织者的角色，更是引领者和参与者的结合，促进了文化传承与创新的全方位发展。

第五章　公共图书馆合作与联盟服务的创新

第一节　图书馆之间的协作与资源共享

一、跨地区图书馆资源共享与互借机制的建立

（一）跨地区图书馆资源共享的必要性

1 图书馆馆藏资源的差异

各地图书馆因所处地域、人口基数、文化特色等因素，其馆藏资源存在一定的差异。有些地区可能更加注重特定领域的图书采购，而有些地区可能在其他方面更具优势。通过跨地区图书馆资源共享，可以弥补各地图书馆馆藏之间的不足，使用户无论身处何地，都能够享受到更加全面和多元的图书资源。例如，某地区的图书馆可能在某一学科领域的馆藏非常丰富，通过共享，其他地区的读者也能够受益于这一专业性的馆藏。

2. 图书馆馆藏结构的优化

由于各地图书馆面临的读者群体和需求不同，通过资源共享可以避免重复购置相似或相同的图书。这种优化不仅有助于提高图书馆资源的利用效率，还能够使图书馆的馆藏更加符合当地读者的实际需求。例如，在某一地区可能已经有大量的某类图书，而在其他地区的需求相对较少，通过

资源共享可以避免不必要的重复购置，实现资源的合理配置和利用。

3. 个性化服务水平的提升

一些读者可能对某一特定领域或作者的作品有较高的兴趣，而这些作品可能并不在其所在地图书馆的馆藏之中。通过跨地区互借，图书馆可以更好地满足这些特殊需求，提升个性化服务水平。这种服务的个性化程度远远超过了传统的图书馆服务范畴，使得图书馆成为更贴近读者需求的知识服务机构。

（二）互借机制的建立与运作

1. 建立统一的互借平台

跨地区图书馆资源共享的核心在于建立一个统一的互借平台，以数字化技术为支撑，实现不同图书馆之间的资源互通。这一平台可以通过建立统一的数据库系统，将各图书馆的馆藏信息整合在一起，为读者提供一个集中检索和借阅的平台。通过互借平台，读者可以方便地查询到其他地区图书馆的馆藏情况，进行跨地区的资源借阅。平台的建立需要充分考虑数据的安全性和隐私保护，采用先进的加密和身份验证技术，确保读者信息和图书馆资源的安全。

2. 建立规范的借还流程和服务标准

为了确保互借服务的高效和便捷，需要建立规范的借还流程和标准化的服务标准。这包括统一的借书申请流程、借还期限规定、逾期罚款标准等。通过统一的服务标准，可以简化互借过程，降低读者的操作难度，提高服务的效率。同时，建立清晰的服务标准也有助于降低图书馆之间的沟通成本，确保服务质量的一致性。此外，可以通过建立用户反馈和评价机制，不断优化服务流程，提高用户满意度。

3. 建立互借合作的法律法规和协议

跨地区图书馆资源共享需要建立互借合作的法律法规和协议。这些法规和协议需要明确各方在资源共享过程中的权责，规范互借的具体操作。

法规和协议的制定应当考虑到不同地区的法律法规差异，确保合作的合法性和可操作性。协议中应包括资源共享的范围、期限、责任划分、争端解决机制等条款，以降低合作风险，确保合作的平稳进行。这种法规和协议的建立不仅有助于图书馆之间的长期稳定合作，也为资源共享提供了法律保障。

二、图书馆联盟合作项目与共建平台的构建

（一）图书馆联盟合作项目的发展趋势

首先，图书馆联盟整合各方优势资源，共同开展图书馆服务创新项目。

图书馆联盟作为多个图书馆的合作组织，其发展趋势之一是通过整合各方优势资源，共同开展图书馆服务创新项目。这种创新项目可以涵盖图书馆的数字化转型、文化活动策划、社区服务创新等多个方面。通过联盟形式，各图书馆可以充分发挥自身特长，形成合力，提高服务水平和质量。例如，可以共同推动数字资源的开发与分享，引入先进的图书馆管理系统，共同开展读者培训活动，为用户提供更加便捷、多元的服务。

其次，图书馆联盟推动解决行业共性问题，推动图书馆事业的发展。

图书馆联盟有助于各图书馆共同研究解决行业共性问题，推动图书馆事业的发展。在联盟平台上，各成员可以就共同面临的挑战展开深入讨论，共同研究解决方案。这可以涉及图书馆面临的数字化转型、人才培养、文化传承等方面的问题。通过联盟协作，图书馆可以集思广益，形成共同的解决方案，为整个图书馆行业的发展提供有力的支持。这也有助于在更高层面上推动图书馆事业的创新与进步。

再次，图书馆联盟有助于资源共享，通过联盟平台实现图书馆间的信息共享和协同发展。

联盟的另一个重要趋势是资源共享。通过联盟平台，各图书馆可以共

享丰富的馆藏资源，提高用户获取信息的便捷性。这涉及实体书籍的互借，数字资源的共享，甚至包括文献互助、人才交流等方面。通过联盟机制，可以建立统一的检索系统，使用户在任何一个图书馆都能够方便地查找到其他馆藏的资源。这种资源共享有助于充分利用各图书馆的资源，减少重复建设，提高整体服务效率。

最后，图书馆联盟有望促进行业标准化，提高整体服务水平。

在图书馆联盟的推动下，有望形成行业标准化的趋势。通过联盟，各图书馆可以在服务标准、信息管理、数字化建设等方面进行经验交流，逐渐形成一致的标准。这不仅有助于提高整体服务水平，还能够促进图书馆事业的可持续发展。标准化的服务流程有助于提高服务质量、降低管理成本，为图书馆行业的长远发展奠定坚实基础。

通过以上趋势，图书馆联盟将更好地发挥协同效应，促进图书馆事业的创新与发展，为用户提供更为丰富、高效的服务。

（二）共建平台的构建与管理

首先，共建平台的内容和功能设计。

共建平台应当包括联盟图书馆共享的数字资源库、合作项目管理系统等多个方面。在数字资源库中，可以整合各成员图书馆的数字化文献、电子书籍、学术期刊等数字资源，形成统一的检索和访问接口，使用户能够方便地获取各图书馆的数字资料。合作项目管理系统则用于记录和管理各项合作项目的进展、任务分配、成果分享等信息，以确保合作项目的高效推进。这种共建平台的设计有助于实现图书馆资源的有机整合和信息的高效流通。

其次，平台的信息安全和隐私保护。

在共建平台的建设中，信息安全和隐私保护是至关重要的。第一，平台应采用先进的加密技术和访问控制机制，确保用户数据和机构信息在传输和存储过程中的安全性。第二，需要建立明确的隐私保护政策，规范用户数据的收集、使用和共享，以保障用户的个人隐私权。第三，平台还应建立定期的安全审计机制，及时发现和应对潜在的安全风险，确保平台的稳定和安全运行。

再次，平台管理团队的建设与职责明确。

为了确保共建平台的正常运营和技术支持，需要建立专业的平台管理团队。这个团队应包括系统管理员、技术支持人员、信息安全专家等。他们的主要职责包括平台的日常维护、技术问题的解决、用户支持等。在共建平台的运营过程中，需要确保这个团队具备足够的专业素养，能够及时应对各种技术和管理挑战。此外，平台管理团队还需要与各成员图书馆保持密切沟通，收集用户反馈和需求，不断改进和优化平台的功能和性能。

最后，合作平台的推广与培训。

为了使共建平台得到充分利用，需要进行广泛的推广和培训。通过各种宣传手段，如培训会议、网络推广、宣传材料等，向联盟成员宣传平台的优势和使用方法。同时，为图书馆工作人员提供必要的培训，使他们能够熟练地使用平台的各项功能，提高平台的整体使用率。平台的推广和培训工作有助于确保平台得到广泛应用，发挥最大的合作效益。

通过以上步骤，图书馆联盟可以建立一个高效、安全、易用的共建平台，为各成员图书馆提供便捷的资源共享和合作项目管理服务。这有助于推动图书馆联盟的可持续发展，提升整个图书馆事业的水平和效益。

三、联合采购与数字资源共享平台的建设与管理

（一）联合采购具备的优势和面临的挑战

1.通过联合采购的优势

（1）规模效应与采购折

联合采购能够借助图书馆联盟的整体规模，实现更大范围的采购，从而谈判到更有竞争力的折扣和优惠条件。这使得图书馆在购置图书时能够

获得更大的经济利益，有效降低采购成本。

（2）资源优化与共享

联合采购不仅有助于节省成本，还能够优化图书馆的馆藏结构。图书馆可以避免重复购置相似或相同的图书，使得馆藏更加多元化和丰富。这种资源的优化还有助于提高图书馆服务的质量，满足用户多样化的需求。

（3）合作关系的建立

联合采购过程中，图书馆间需要密切协作，建立合作关系。这有助于促进信息共享、经验交流，进一步加强图书馆联盟的凝聚力和合作机制。通过联合采购，图书馆可以共同面对采购流程中的挑战，形成更加紧密的合作网络。

2.联合采购面临的挑战

（1）图书馆需求的多样性

不同图书馆的用户群体、专业领域和需求差异较大，因此在联合采购中协调这些多样化的需求是一项挑战。采购的图书需要兼顾不同图书馆的特色，以满足各方的需求。

（2）协调合作的难度

联合采购涉及多个图书馆的合作，需要协调各方的意见、采购计划和预算。协调合作可能面临的问题包括采购目标的一致性、经费的合理分配等，这需要图书馆联盟建立良好的协调机制。

（3）供应链管理的挑战

由于涉及多个图书馆的采购需求，供应链管理变得更为复杂。及时的图书配送、库存管理等问题都需要进行有效的协调，以确保图书能够及时到达各个图书馆。

尽管联合采购面临一些挑战，但其带来的优势使其在图书馆合作中仍具有广阔前景。未来的联合采购可以更加注重数字资源的采购，包括电子书籍、数据库等数字化信息资源。此外，通过引入先进的采购管理系统和数据分析技术，可以更好地应对各种挑战，提高采购的效率和精确度。

总体而言，联合采购作为图书馆合作的一种形式，通过充分发挥规模效应，实现资源的优化利用，有助于提高图书馆服务水平，同时促进图书馆联盟的发展。通过解决挑战，不断改进和优化联合采购的机制，可以推动图书馆合作事业不断向前发展。

（二）数字资源共享平台的建设

1. 数字资源共享平台的建设

（1）集成数字馆藏与提供统一服务

数字资源共享平台应首先实现各图书馆数字化馆藏的集成，通过整合不同图书馆的数字资源，形成一个统一的数字馆藏。这有助于提高用户检索体验，使用户能够在一个平台上访问多个图书馆的数字资源，提升信息获取的便捷性。

（2）支持多种数字资源的存储和检索

平台需支持多样化的数字资源，包括电子图书、学术期刊、数字档案等。为了满足用户的多样化需求，平台的检索系统应具备高效而灵活的搜索功能，以确保用户能够准确、快速地找到所需信息。

（3）整合数字化技术提供精准服务

平台可以整合先进的数字化技术，如人工智能和大数据分析，为用户提供更为精准的检索和推荐服务。通过分析用户的检索行为和阅读习惯，平台可以实现个性化推荐，提高用户对数字资源的利用效率。

2. 数字资源共享平台的特色和功能

（1）全方位的数字资源支持

数字资源共享平台应不仅仅关注图书资源，还应支持其他形式的数字资源，如音视频资料、研究数据等，以满足不同用户群体的知识需求。

（2）创新技术的应用

引入先进的数字化技术，如虚拟现实（VR）、增强现实（AR）等，丰富用户体验。通过这些技术，用户可以更直观地浏览数字资源，提高信息获取的沉浸感和互动性。

（3）开放式平台与 API 支持

平台应设计为开放式的架构，支持第三方应用接入，提供应用程序接口（API），以便其他机构或开发者可以利用平台的数据和服务开发更多的应用，推动数字资源的更广泛利用。

3. 数字资源共享平台的安全性和稳定性

（1）隐私和信息安全的保障

在数字资源共享平台的建设中，隐私和信息安全是至关重要的。平台应采取有效的措施，包括数据加密、权限管理等，以确保用户的隐私不受侵犯，数字资源的安全可靠。

（2）稳定性和高可用性

为了提供持续的数字服务，平台需要具备良好的稳定性和高可用性。建设过程中需要考虑系统的负载能力、故障恢复机制等，以应对用户访问高峰和可能发生的技术故障。

（3）定期维护和更新

平台建设完成后，需要建立定期的维护机制，确保平台的各项功能和技术始终保持在最新状态。这包括及时修复潜在的安全漏洞、更新搜索算法、增加新的功能等。

（三）平台管理面对的挑战与所采取的应对措施

1. 建立健全的平台管理体系

（1）人员管理

平台管理的成功离不开一个专业且高效的团队。首先，须确保平台拥有足够的技术专业人才，能够及时处理技术问题。其次，人员管理中须明确责任分工，确保平台的各个方面都能得到妥善管理。包括管理员、技术支持、内容管理等不同岗位，各部门需协同工作，形成有机合作。

（2）资源管理

平台管理中，重视数字资源的规范管理和维护至关重要。建立清晰的资源分类和标准，以确保数字资源的质量和可用性。此外，需要制定合理的资源更新和维护计划，以确保平台上的信息保持最新。

（3）服务管理

平台的服务质量是用户体验的关键。建立用户服务中心，及时处理用户的问题和反馈。同时，制定完善的服务标准，确保用户能够享受到高质量、高效率的服务。

2. 注重技术更新和维护

（1）及时应用新技术

技术是平台运行的核心。平台管理团队需要紧跟技术发展趋势，及时应用新技术，提升平台的性能和安全性。这包括采用先进的服务器技术、数据库技术，以及不断改进的搜索算法等。

（2）与图书馆密切合作

平台管理不仅仅是技术管理，还需要与各图书馆保持紧密合作。定期召开合作会议，共同解决可能出现的问题，协调资源共享和服务提供。建立联络人制度，确保信息的畅通和问题的迅速解决。

（3）建立用户反馈机制

用户是平台的重要参与者。建立用户反馈机制，鼓励用户提出建议和问题。通过定期的用户满意度调查，了解用户需求，及时改进平台的功能和服务，提升用户体验。

3. 持续优化平台功能，提升服务质量

（1）持续优化平台功能

随着技术和用户需求的发展，平台功能需要不断升级和优化。定期进行功能评估，根据用户反馈和市场需求，引入新的功能，提高平台的竞争力。

（2）提升服务质量

平台管理团队要将用户体验置于首位。加强培训，提高工作人员的专业水平，确保用户能够得到高效、专业的服务。建立服务质量评估体系，对服务进行定期评估和改进。

第二节　图书馆与其他公共服务机构的合作创新

一、社会福利机构与图书馆的合作模式与实践

社会福利机构与图书馆的合作是公共服务领域中一种创新的合作模式，旨在更好地满足社区居民的综合需求。通过整合资源、分享服务，社会福利机构和图书馆可以共同促进社会的发展和居民的福祉。

（一）合作模式的建立

1.资源整合与共享

（1）资源整合的必要性

资源整合是社会福利机构和图书馆合作中至关重要的一环。社会福利机构通常具有深入社区的资源，了解居民需求，而图书馆则拥有丰富的信息资源和学习设施。通过资源整合，可以实现双方优势互补，提供更全面的服务。

第一，社会福利机构提供的资源。社会福利机构常常有一系列服务，包括心理咨询、社区关怀、经济援助等。这些服务的开展需要深入了解社区居民的需求，而社会福利机构正是在这方面具有专业经验和优势。

第二，图书馆提供的资源。图书馆作为信息中心，拥有大量的书籍、学术期刊、数字资源等。此外，图书馆还提供学习和研究场所，为居民提供良好的学习环境。

（2）共建共享平台

为了实现资源的有机整合和共享，社会福利机构和图书馆可以共同建立一个数字平台。该平台旨在整合社会福利服务信息和图书馆资源，提供一站式服务。平台可以包括社区服务信息、心理健康指导、学习资源等多个模块，方便居民获取所需信息。

2.联合活动与项目

（1）活动的设计与开展

联合活动和项目是社会福利机构和图书馆合作的另一种模式。通过共同设计和开展有针对性的活动，可以更好地满足社区居民的多样化需求。

第一，社区服务活动。社会福利机构可以组织社区服务活动，如义诊、法律咨询等。图书馆为这些活动提供场地支持，并通过信息渠道宣传，吸引更多居民参与。

第二，文化活动和培训项目。图书馆可以与社会福利机构共同策划文化活动和培训项目。例如，举办心理健康讲座、社交技能培训等，既满足社会福利需求，又让图书馆成为社区学习与交流的中心。

（2）提高居民参与度

联合活动不仅要考虑活动的内容，还要注重提高居民的参与度。这可以通过制定吸引人的活动主题、提供小组互动环节、设立奖励机制等方式来实现。社会福利机构和图书馆可以共同制定活动计划，确保活动更好地服务于社区居民。

（二）实践案例

1.社区健康日

（1）活动策划与准备

在社区健康日的策划阶段，社会福利机构和图书馆共同进行需求分析。社会福利机构负责提供专业的健康咨询和义诊服务，明确社区居民的关注点和需求。图书馆则根据社会福利机构的反馈，展示与健康相关的书籍和资源，设计专题讲座内容，确保活动能够有针对性地满足社区居民的健康需求。

（2）活动实施

第一，健康咨询与义诊。社会福利机构的专业医护人员提供免费的健康咨询和义诊服务，居民可以得到身体健康方面的专业建议。此外，社会福利机构还为居民提供一些健康检测，增强他们对身体状况的认知。

第二，图书馆展示和专题讲座。图书馆为活动提供展示区域，展示与健康相关的书籍、杂志和信息。同时，图书馆举办专题讲座，邀请医学专家分享健康知识，解答居民关心的健康问题。这一环节不仅提供了信息，还激发了居民对健康的关注和学习兴趣。

2.文学疗法工作坊

（1）活动策划与准备

社会福利机构和图书馆共同确定文学疗法工作坊的目标和内容。社会福利机构提供专业的文学疗法师，图书馆负责提供场地和相关的文学资源，包括文学作品、诗歌、散文等。双方合作确定工作坊的主题，确保与社区居民的需求和心理健康状况相契合。

（2）活动实施

第一，专业指导的文学疗法。由社会福利机构的文学疗法师主持工作坊，通过文学作品的阅读和讨论，引导社区居民自我表达，缓解心理压力。工作坊的设计旨在创造轻松、温馨的氛围，让参与者在文学的世界中寻找共鸣和安慰。

第二，心理健康资源展示。图书馆设置心理健康资源展示区，展示与情绪管理、心理健康相关的书籍、手册等。这为参与工作坊的居民提供了额外的支持和信息，使他们能够在工作坊之外也能关注和维护自己的心理健康。

二、卫生健康服务与图书馆合作的创新项目

卫生健康服务与图书馆的合作项目旨在通过整合信息资源和专业服务，促进居民的健康素养提升。这种创新的合作不仅拓展了图书馆的功能，也为卫生健康服务注入了更多元的元素。

（一）合作项目的构建

1. 健康教育资源整合

首先，图书馆与卫生健康服务机构建立合作框架，共同整合健康教育的相关资源。图书馆负责整理和管理相关图书、期刊、多媒体资料，构建数字化平台，使社区居民可以便捷地获取健康知识。同时，卫生健康服务机构提供最新的健康指南、研究成果等专业资源，确保信息的科学性和权威性。

其次，建立健康教育服务站点，通过社区图书馆提供健康教育资源。社区居民可以在图书馆得到专业的健康资讯，通过图书馆的数字平台在线学习，或参与定期的健康教育活动。这样的资源整合为社区居民提供了全方位的健康教育支持，从而增进他们的健康意识和自我管理能力。

2. 定期健康讲座

首先，图书馆与卫生健康服务机构共同规划定期健康讲座。确定讲座主题，涵盖常见健康问题、生活方式指导等方面，确保讲座内容贴近社区居民的需求。图书馆负责活动的宣传推广，通过社区通告、数字平台等途径向社区居民传递信息。

其次，邀请卫生专业人员作为讲座嘉宾，为社区居民传递专业的健康知识。卫生健康服务机构的专业人员可以解答社区居民关心的健康问题，提供个性化的建议。图书馆提供场地和设备支持，确保讲座的顺利进行。

最后，鼓励讲座中的互动与参与。通过提问环节、小组讨论等形式，

促使社区居民积极参与，分享他们的健康经验和疑虑。这样的互动不仅增加了讲座的参与度，还有助于建立社区居民与健康专业人员之间的沟通渠道。

通过健康教育资源整合和定期健康讲座的合作项目，图书馆与卫生健康服务机构共同为社区居民提供了系统的健康教育服务，推动了社区健康水平的提升。

（二）实践案例

1. 健康阅读角

首先，图书馆设立了专门的健康阅读角，将与健康相关的图书、杂志、宣传资料等集中展示。这一空间旨在为社区居民提供一个便捷的获取健康知识的场所。图书馆与卫生健康服务机构共同策划阅读角的内容，确保展示的信息科学、权威、贴近社区需求。

其次，卫生健康服务机构派遣专业人员在健康阅读角进行健康咨询和宣传活动。这些专业人员可以解答社区居民的健康问题，提供个性化的健康建议。同时，通过宣传资料和小型讲座，向社区居民传递最新的健康信息，提高他们的健康意识。

通过健康阅读角的设立，社区居民得以在平常的阅读活动中接触到丰富的健康知识，培养持续学习的习惯。这样的阅读角不仅是一个获取信息的场所，更是一个促进社区居民自我健康管理的平台。

2. 互动健身活动

首先，图书馆与卫生健康服务机构共同策划和组织互动健身活动，如健康步行、瑜伽等。这些活动不仅注重运动的身体效益，同时将健康教育元素融入其中，通过专业人员的讲解，使参与者在运动中获取健康知识。

其次，卫生健康服务机构的专业人员在活动中向社区居民传递健康知识。通过简短的讲解、互动问答等方式，将健康管理的重要性融入日常生活中，使社区居民在参与健身活动的过程中更加深刻地理解健康的概念。

最后，这些互动健身活动旨在促进社区居民的全面身心健康发展。除了运动对身体的益处，社区居民还能通过活动中的互动学习，了解到更多关于健康饮食、心理健康等方面的知识，从而全面提升他们的健康水平。

通过健康阅读角和互动健身活动的实践案例，图书馆与卫生健康服务机构共同为社区居民提供了融合知识传递与实际运动的全方位健康服务，推动了社区健康文化的建设。

三、就业培训与创业支持服务的跨部门合作

图书馆与就业培训、创业支持服务的跨部门合作旨在为社区居民提供更全面的职业发展支持。通过整合资源、共建平台，各部门协同合作，为社区居民提供更多元、实用的服务。

（一）合作机制的建立

1. 职业培训资源整合

首先，各合作方可以共同整合职业培训的相关资源。图书馆作为信息中心，负责收集并整理各类职业培训课程、职业规划资料等。通过建立数据库或在线平台，便于社区居民浏览和获取信息。重点是确保这些资源与当前职业市场需求紧密匹配，使居民能够获得实用的、符合职业发展趋势的培训。

其次，图书馆作为信息提供者，可开展信息辅导服务，帮助居民更好地理解职业培训资源。通过定期举办职业规划讲座、提供一对一的咨询服务，图书馆能够向居民传授有效的求职技巧和提供个性化的职业建议。这种服务不仅仅是信息的传递，更是对居民职业发展的有针对性的支持。

最后，建立培训资源的反馈机制，通过用户反馈和就业情况的跟踪，及时调整培训资源的内容和方向。这有助于图书馆更好地满足社区居民的实际需求，提高培训资源的针对性和实用性。

2. 创业支持平台建设

首先，共同建设创业支持平台，提供创业指导服务。图书馆可以通过开设创业读物专区，搜集各类创业案例、创业指南、市场分析等相关资料，为社区居民提供系统的创业知识。此外，还可以邀请创业导师或成功创业者举办讲座，分享创业心得和成功经验，为有创业意向的居民提供实用的指导。

其次，创业支持平台可以提供法律咨询和市场调研等服务。图书馆可以整合法律方面的参考资料，例如创业法规手册、法务模板等，以解答创业者在法律事务上的疑虑。同时，通过合作协议或专业机构，提供市场调研支持，使创业者更好地了解市场需求和竞争状况。

最后，定期举办创业讲座和经验分享活动。这可以是创业者分享创业心路历程的讲座，也可以是专业人士介绍市场趋势和创业机会的分享。通过这些活动，社区居民能够获得实用的创业信息，提高创业的成功率。

（二）实践案例

1. 职业技能培训班

首先，在职业技能培训班的实践中，图书馆与就业培训机构联合进行社区需求分析。通过调查社区居民的职业发展需求，确定培训方向。图书馆提供培训场地，而就业培训机构负责设计符合实际需求的培训课程。这种合作模式确保了培训的实用性和精准性。

其次，图书馆作为知识资源中心，提供相关学习资源的共享。通过设立专门的学习角落或数字资源平台，社区居民可以方便地获取与培训课程相关的资料。同时，就业培训机构派遣专业师资进行培训，保证培训的专业性。这种资源整合和师资支持的合作方式有效地提升了培训的质量。

最后，在培训结束后，建立就业服务和跟踪机制。图书馆与就业培训机构共同为参与培训的居民提供就业指导和职业规划服务。通过与企业建立联系，促使培训完成的居民更好地融入职场。定期进行跟踪调查，了解培训效果，为未来的培训提供经验参考。

2.创业沙龙

首先，图书馆与创业支持服务机构共同策划创业沙龙活动。图书馆提供场地和宣传支持，确保活动能够覆盖更广泛的社区居民。创业支持服务机构则负责邀请创业导师和成功创业者，确保活动内容的专业性和实用性。

其次，创业沙龙注重创业思维的培养。通过举办创新创业讲座、工作坊等形式，激发社区居民的创新意识和创业热情。图书馆展示创业相关书籍，为参与者提供更多创业思路的启发。同时，创业导师和成功创业者的经验分享将为有创业意向的居民提供宝贵的实战经验。

最后，建立创业资源整合平台。图书馆可以整合创业相关的数字资源，包括市场调研报告、行业分析等，为社区居民提供更全面的创业参考。同时，创业支持服务机构提供后续的创业指导和支持服务，使创业者在创业过程中能够获得更多的支持。

第三节 图书馆参与国际合作的机制与策略

一、国际图书馆间交流与合作项目的开展

（一）项目选择与规划

1.项目目标明确

在国际图书馆间交流与合作项目的开展阶段，图书馆首先需要明确项目的目标。这包括确定项目的战略目标和具体执行计划，以确保项目的方向与图书馆的发展战略相一致。明确的目标有助于项目的有效实施和成果的可衡量性。

2.项目范围与界定

明确项目的范围是项目规划的重要一环。图书馆应该确定项目的具体

内容，包括涉及的学科领域、合作的具体内容，以及项目的时间周期。这有助于防范项目过于庞大或过于狭窄的问题，确保项目的可行性和有效性。

3. 时间表与里程碑制定

在项目规划阶段，建立清晰的时间表和里程碑是必要的。图书馆可以制订项目的时间计划，明确项目的启动、执行和完成时间节点。同时，设立关键的里程碑，有助于监测项目的进展，及时调整和优化执行计划。

4. 预期成果定义

明确项目的预期成果对于评估项目的成功至关重要。图书馆应明确定义项目的预期成果，包括学术影响、资源共享、人才培养等方面。这有助于在项目执行过程中及时调整和优化，确保最终实现预期目标。

（二）合作协议与法律事务

1. 合作协议的制定

建立清晰、具体的合作协议是确保国际合作项目成功的关键。图书馆应当明确合作双方的权利和责任，包括资源共享、数据隐私、知识产权等方面的问题。合作协议应具有可执行性，确保双方按照协议履行义务。

2. 法律事务合规

了解并遵守相关国际法律事务是保障项目合规运作的基础。图书馆在项目开展前应对可能涉及的法律问题进行详细了解，确保合作协议符合国际法规，避免潜在的法律风险。

（三）资源整合与共享

1. 开放数据接口的建设

为实现国际图书馆间资源的高效共享，图书馆应通过建立开放的数据接口，实现各图书馆系统之间的信息互通。这有助于促进数字化资源、馆藏数据等的无障碍共享，提升整体资源利用效率。

2. 共享平台的构建

搭建共享平台是实现资源整合与共享的关键措施。图书馆可以利用现代信息技术，建设用户友好的平台界面，实现数字化资源、学术信息等的在线访问和共享。共享平台的建设应注重技术的可持续性，确保平台的长期运行和发展。

3. 用户参与与反馈

在资源整合与共享的过程中，用户参与是不可忽视的因素。图书馆可以通过用户调查、反馈机制等方式，了解用户的需求和期望，调整共享平台的功能和内容，使其更符合用户的实际需求。

（四）人才培训与交流

1. 团队成员培训计划

为确保项目的成功实施，图书馆需要建立人才培训计划。这包括提升团队成员的国际化素养、跨文化沟通技巧等方面的培训。培养团队具备国际合作所需的专业知识和技能，以适应不同文化背景下的工作环境。

2. 内外人才的交流机制

积极促进图书馆内外人才的交流是项目成功的关键因素。图书馆可以通过组织国际研讨会、学术交流活动，引进国际经验和思维。同时，与国际图书馆组织建立合作关系，实现人才的跨机构交流，促进项目的跨国合作。

国际图书馆间交流与合作项目的开展需要综合考虑项目的规模、国际合作伙伴的特点以及图书馆自身的实际情况。通过科学合理的规划、合作协议的制定、资源整合与共享的推进，以及人才培训与交流的加强，图书馆可以更好地推动国际合作项目的实施，实现共赢与可持续发展。

二、国际学术交流与合作平台的搭建与管理

国际学术交流是图书馆提高学术水平、加强国际影响力的有效途径。

（一）平台构建

1. 在线学术交流平台建设

首先，在线学术交流平台的建设是公共图书馆实现国际学术交流的核心举措。在这一过程中，首要任务是确保平台功能的完善与先进性。采用现代信息技术，尤其是云计算和大数据分析，是保障平台高效性和稳定性的基础。通过云计算，平台可以灵活调配计算资源，应对不同规模的用户访问和数据处理需求，确保用户能够高效地进行学术交流和资源共享。

其次，用户友好的界面设计是构建在线学术交流平台的不可或缺的一环。公共图书馆需要深入了解用户群体的需求，以确保平台的设计符合用户的使用习惯和期望。通过人机交互的理念，建立直观、易用的用户界面，提高用户的满意度和使用体验。此外，考虑到用户在不同设备上的使用情况，采用响应式设计是关键，使平台能够在各种终端上实现流畅的访问，确保用户在任何时间、任何地点都能方便地使用平台。

再次，平台的高效性不仅仅体现在技术层面，还需要注重内容的多样性和深度。为满足用户的学术需求，公共图书馆应当在平台上提供丰富多彩的学术资源和服务。这包括学术论文、专著、研究报告、学术会议信息等多种形式的学术内容。与此同时，建立合作机制，与国际知名期刊合作，引入高质量的学术资源，从而提高平台的学术水平和吸引力。

最后，为了确保平台的长期运行和发展，公共图书馆需要在建设过程中考虑到可维护性和可扩展性。建立定期的维护机制，对平台进行及时的更新和升级，以适应技术的不断发展和用户需求的变化。同时，平台的可扩展性也是至关重要的，使得平台能够灵活应对未来可能的扩展和功能增加，保持对新兴技术的敏感性。

2. 学术社交媒体的建设

首先，在公共图书馆拓展国际学术交流渠道的战略中，学术社交媒体的建设是一项重要而前瞻性的措施。学术社交媒体提供了一个开放的平台，使学者能够方便地分享研究成果、发表见解、参与学术讨论。这不仅促进了学术资源的流通，还加强了学者之间的沟通与合作，为图书馆构建国际化学术社区提供了有力支持。

其次，学术社交媒体的优势在于其互动性和开放性。通过在平台上发布学术动态、分享研究心得，学者能够快速建立与国际同行的联系，扩大合作的可能性。同时，公共图书馆可主动参与学者的讨论，提供专业支持和资源，加强与学术社区的连接。建设具有学术价值和专业性的内容，是吸引学者参与的关键，图书馆可以通过定期推送学术热点、专题讨论等方式，提高学者在平台上的活跃度。

再次，在学术社交媒体的建设过程中，算法推送功能的合理运用至关重要。通过分析学者的兴趣、研究方向，社交媒体平台可以为其推送相关的学术信息，提高信息的个性化匹配度。这有助于加强学者对平台的依赖性，提高其在平台上停留的时间。公共图书馆可以与平台合作，提供学术资源，与学者共同推动平台上的内容丰富度和专业性。

最后，学术社交媒体的建设需要注意隐私和知识产权等法律事务。公共图书馆在平台运营中要确保学者的个人信息和研究成果得到妥善保护，建立隐私保护机制。此外，与学者合作时，应明确知识产权归属，避免潜在的法律纠纷。通过建立合规运作的框架，图书馆可以更好地在学术社交媒体上推进国际学术交流。

3. 多样化的学术资源和服务

首先，在构建平台提供多样化学术资源和服务的过程中，学术论文的收录和分享是至关重要的一环。公共图书馆可以与国内外知名学术期刊和出版机构合作，建立合作关系，获取高质量的学术论文资源。通过建立开放的数据接口，确保论文的高效检索和下载，提供给用户全面的学术信息支持。

其次，专著的收纳和推广也是平台提供多样化学术资源的关键。与学术出版社合作，引进国内外重要学术专著，将其纳入平台资源库。通过针对性的推广活动，如专著讲座、在线书展等，提高用户对专著资源的关注度和利用率。同时，建立专著的评价和评论机制，为用户提供更丰富的参考信息。

再次，研究报告的收集与整理也应是平台服务的重要组成部分。公共图书馆可以与研究机构、政府部门等建立合作关系，获取各领域的研究报告。通过建立标准化的分类体系，使用户能够方便地检索和获取相关研究报告。同时，通过举办研讨会、座谈会等活动，促进研究报告的交流与分享。

最后，学术会议信息的全面收录是确保平台服务多样性的不可或缺的一环。与学术组织、会议主办方合作，获取各类学术会议的信息，包括会议议程、演讲者信息、论文摘要等。通过平台，用户能够及时了解国际学术前沿，甚至参与在线会议，推动学术交流的全球化。

（二）运营管理

1. 专业的运营团队

首先，在建立一个专业的运营团队方面，信息技术专家的角色至关重要。这些专家负责确保平台的技术架构和基础设施的稳定性和安全性。他们可以监测平台的运行状态，及时解决技术问题，防范潜在的安全威胁。通过引入最新的技术趋势，信息技术专家还能够优化平台的性能，提高用户体验。

其次，学科专业人才是确保平台提供学术资源和服务的核心。这些专业人才可以包括图书馆学、信息科学、文献学等相关专业的专家。他们负责平台学术资源的策划、收集、整理和分类。通过深入了解用户的学术需求，学科专业人才可以确保平台提供的学术资源具有高度的学术价值和专业性。

再次，市场营销人员在平台的发展中也扮演着重要的角色。他们负责制定和执行科学的市场推广计划，提高平台的知名度和用户覆盖率。市场营销人员可以通过分析用户反馈和市场趋势，调整平台的服务策略，吸引更多的学术用户。与学术机构、研究团体建立紧密联系，开展合作推广活动，也是市场营销人员的一项重要任务。

最后，运营团队需要建立科学的运营计划，确保平台的日常管理和长期发展方向。这包括平台的更新维护计划、用户服务计划、学术资源扩充计划等。团队成员可以定期召开会议，进行工作总结和评估，及时发现问题并调整运营策略。通过定期的培训和学习，运营团队也能够不断提升自身的专业水平，适应学术领域的发展变化。

2. 用户反馈与优化

首先，在平台运营中，建立有效的用户反馈机制是确保平台持续优化的关键。通过在平台上设立用户反馈通道，如在线表单、邮件联系等，用户可以方便地提出意见和建议。建议设置分类标签，涵盖技术问题、学术资源需求、平台体验等多个方面，以便更精准地了解用户的反馈内容。

其次，及时收集用户反馈并进行综合分析是用户反馈机制的重要环节。公共图书馆的运营团队需要建立专门的反馈处理团队，对用户提出的问题和建议进行及时的归类和汇总。利用数据分析工具，挖掘用户反馈中的共性问题和痛点，形成定期的分析报告，为平台的优化提供科学依据。

再次，针对用户反馈，进行平台功能和服务的及时调整与优化。这需要平台运营团队与信息技术专家、学科专业人才密切合作，确保对问题的理解和解决是全面的、专业的。尽可能的改进包括技术性问题的修复、学术资源的更新和丰富、平台界面的优化等。通过及时优化，不仅提高了用户体验，还加强了用户对平台的信赖和黏性。

最后，建立反馈闭环，向用户及时反馈问题处理结果，展示平台的改进成果。通过及时回应用户反馈，显示出平台对用户需求的关注和重视。此外，可以通过在平台上发布优化成果的通知、举办用户反馈沙龙等方式，增加用户对平台改进的参与感，形成用户和平台运营团队的良好互动。

3. 财务与资源管理

首先，在运营平台中，建立合理的财务管理体系至关重要。公共图书馆需要制定详细的财务预算，确保平台运营的各个方面都有足够的经费支持。这包括硬件和软件的购置与更新、人员培训与招聘、市场推广等各个方面的费用。同时，建议设立专门的财务管理团队，负责核算平台的开支和收入，定期生成财务报表，为图书馆提供经济决策的科学依据。

其次，经费投入与运营效益的平衡是财务管理的核心。图书馆需要根据平台的具体情况，明确各项经费的分配比例。这涉及对不同方面的需求进行权衡和优化，确保资源得到最大化的利用。同时，建议采用灵活的经费调配机制，根据平台运营中的实际情况，及时进行调整，以应对不同阶段的需求。

再次，人力、物力等资源的规划和管理同样重要。平台的运营需要各类专业人才，如信息技术专家、学科专业人才、市场营销人员等。公共图书馆要根据平台的规模和发展方向，合理规划人员编制，确保有足够的团队支持平台的运作。同时，物力资源的合理配置也是不可忽视的。包括服务器、存储设备、网络宽带等硬件资源的投入，以及平台所需软件的购置和维护。

最后，建议公共图书馆建立资源管理团队，负责对各类资源的监控和调度。这包括对硬件资源的定期检查和维护，对软件资源的更新和升级，以及对人力资源的培训和调配。通过建立资源管理的标准操作流程，公共图书馆可以更好地保障平台运营的顺畅，提高资源的利用效率。

（三）学术资源整合

1. 与国际知名期刊的合作

首先，在与国际知名期刊的合作中，公共图书馆可以通过与期刊编辑建立战略合作关系。这包括邀请国际知名期刊的编辑担任平台的顾问或管理委员会成员，使其参与到平台的决策过程中。期刊编辑具有丰富的学术经验和权威性，其参与有助于提升平台的学术水平和影响力。通过与期刊编辑的密切合作，公共图书馆可以更好地了解学术领域的发展动态，确保平台的学术内容与最新研究趋势保持一致。

其次，为提高学术资源的可及性，平台可以与国际知名期刊达成协议，提供其期刊内容的在线浏览和下载服务。通过与期刊的合作，用户可以在平台上方便地获取到高质量的学术论文和研究成果。这不仅丰富了平台的学术资源，也为期刊提供了更广泛的传播渠道，增强了期刊的影响力。合作还可以涵盖数字期刊订阅、开放获取政策等方面，确保学术内容的传播更加全面和公平。

再次，双方可以在学术资源方面进行更深层次的共享。公共图书馆可以与国际知名期刊进行数字资源共建，共同建立学术数据库，实现学术资源的高效整合。这种共建模式不仅可以降低平台的资源采集成本，还能够促进国际知名期刊在平台上的持续贡献，加强双方的合作关系。

最后，建议通过合作协议明确双方的权益和责任。在合作协议中，可以明确期刊在平台上的展示形式、使用权限、合作期限等关键条款，以确保合作的顺利进行。同时，对于可能涉及的知识产权、数据隐私等法律事务进行详细的规定，为双方提供法律保障。

2. 国际学术数据库订购与共享

首先，在订购国际学术数据库方面，公共图书馆应该深入了解不同数据库的特点和优势。这包括数据库的学科覆盖范围、检索功能、数据更新频率等方面的信息。建议制定明确的数据库订购策略，根据平台的定位和用户需求，选择与平台主题相关、具有学术权威性的数据库。在策略的执行中，还可以考虑与国际知名数据库提供商签署长期订购协议，以获得更有利的价格和服务条款。

其次，与国际图书馆、研究机构等建立数据库共享机制是扩展学术资源广度的关键一环。公共图书馆可以通过与国际伙伴合作，实现数据库的共同订购和共享使用。这种机制不仅有助于分担成本，还能够进一步拓展平台的学术资源网络，提高平台的综合学术水平。共享机制可以涉及对数据库的实时更新、定期维护等方面，确保用户能够获取到最新、最全面的学术信息。

再次，建议平台与合作伙伴一起参与数据库的使用培训和推广活动。通过共同举办数据库培训课程、在线研讨会等活动，提高用户对数据库的认知和使用水平。这有助于提升平台的用户体验，使用户更加熟练地利用数据库进行学术研究。与合作伙伴共同推广数据库的同时，也有助于提升平台在国际学术交流领域的知名度。

最后，公共图书馆可以通过制定明确的共享协议，规范与合作伙伴的合作关系。协议中应包括共享的具体内容、双方的权益和责任、共享机制的运作方式等方面的条款。这有助于防范潜在的合作纠纷，确保合作伙伴和平台在合作中能够遵循一致的规范和原则。

3.学术资源的高效整合与共享

首先，在实现学术资源的高效整合与共享方面，建立开放的数据接口是至关重要的。公共图书馆可以通过开放 API（应用程序接口），使平台与外部学术数据库、期刊等系统进行数据交互。这种开放性的设计有助于拓展平台的数据源，将来自不同来源的学术资源进行有机整合，为用户提供更全面、丰富的检索结果。通过合理设计数据接口，还能够提高系统的稳定性和可扩展性，使平台更好地适应未来的发展需求。

其次，标准化的元数据体系是实现高效整合与共享的基础。公共图书馆可以采用国际通用的元数据标准，如 Dublin Core（都柏林核心元数据）等，以确保学术资源的一致性和可比性。通过规范化元数据的格式和内容，平台可以更轻松地整合来自不同数据库的信息，提高检索效率。建议平台与国际标准组织和学术社团合作，参与元数据标准的制定和更新，保持平台与国际学术交流的同步性。

再次，公共图书馆可以采用先进的数据挖掘技术，实现对学术资源的智能化整合。通过构建智能搜索引擎，系统能够根据用户的检索行为和反馈进行学习，提供更个性化、精准的搜索结果。这种智能化的整合不仅提高了用户的满意度，还有助于发现潜在的学术关联和趋势，促进学术合作与交流的深度发展。

最后，建议建立学术资源共享的社群平台，促进用户之间的互动与合作。这可以通过建立学术社交功能，如学术讨论区、合作项目发布板块等实现。通过社群平台，用户可以分享自己的研究成果、提出问题，与其他用户进行深入的学术交流。这不仅有助于资源的广泛传播，还能够培养学术社区的合作氛围，推动学术合作的深度发展。

三、国际合作项目的效果评估与可持续发展机制的建立

国际合作项目的效果评估是保证项目可持续发展的关键。

(一) 项目评估指标

1. 项目目标实现情况

国际合作项目的首要评估标准是项目目标的实现情况。图书馆在制定合作项目时应明确项目的战略目标和具体执行计划，评估时要对这些目标进行定量和定性的考核。这包括合作项目是否按计划完成，实现了预期效果，以及对图书馆整体发展的推动作用。

2. 学术影响力

评估国际合作项目的学术影响力是确保项目对知识传播和学术交流的积极贡献的重要方面。这可以通过对合作项目产生的论文、研究成果的引用次数、影响因子等指标进行分析。同时，关注项目在国际学术界的声誉和可见度，评估其对图书馆学术影响的程度。

3. 资源利用效率

有效利用资源是评估国际合作项目的关键。这包括人力、财力、物力等方面的资源。图书馆可以通过比较项目启动前后的资源利用情况，评估合作项目的经济效益。同时，也要关注项目执行过程中是否出现了资源浪费的情况，以便及时调整和改进。

（二）评估周期

1. 定期评估

评估周期的合理安排是确保项目效果评估的及时性和有效性的重要一环。图书馆应根据合作项目的性质和规模，制定定期评估的计划。较大规模或长周期的项目可以考虑采用中期和末期两个阶段的评估，以及在项目执行过程中随时进行必要的调整。

2. 实时监测

除了定期评估，实时监测也是项目管理的关键环节。图书馆可以通过建立信息反馈机制，收集项目执行中的实时数据，以便及时发现问题并采取措施。这有助于在项目执行过程中进行灵活调整，确保项目按照预期方向发展。

（三）可持续发展机制

1. 人才培养机制

为确保国际合作项目的可持续发展，图书馆需要建立健全的人才培养机制。这包括对项目团队成员的培训与提升，提高其应对国际合作中新问题和挑战的能力。同时，建立人才储备机制，确保项目的平稳过渡和继续发展。

2. 资金保障机制

可持续的项目发展需要稳定的资金支持。图书馆应建立健全的资金保障机制，包括与国际伙伴的共同资金投入、寻求国际合作资助、在国内外寻找项目赞助等方式。这有助于确保项目的经济可行性和稳定性。

3.信息技术支持机制

信息技术在国际合作项目中扮演着重要的角色。图书馆需要建立强大的信息技术支持机制，确保项目的信息交流、数据管理、合作平台的运行等方面能够顺畅进行。这包括及时更新技术设备、培训技术人员，以适应国际合作项目的不断发展和变化。

国际合作项目的效果评估和可持续发展机制的建立是图书馆国际化发展的关键环节。通过科学合理的评估指标和周期，以及建立完备的机制，图书馆可以更好地应对国际合作中的挑战，推动项目的长期稳定发展，实现合作的双赢。

第六章　公共图书馆评估
与质量管理的创新实践

第一节　服务质量评估与提升

一、公共图书馆读者满意度调查与服务质量改进措施的实施

（一）读者满意度调查的设计与实施

1. 调查设计

在进行读者满意度调查时，公共图书馆应该设计科学合理的调查问卷。问卷内容可以涵盖图书馆的服务种类、服务态度、设施设备、数字资源利用等多个方面，以全面了解读者对图书馆服务的感受。

2. 调查实施

通过线上线下结合的方式，广泛邀请读者参与满意度调查。为了提高参与率，可以设置小礼品或优惠活动作为调查的奖励。同时，要确保调查数据的匿名性，以促使读者提供真实、客观的意见和建议。

（二）读者满意度调查结果的分析与应对

1. 结果分析

公共图书馆需要对调查结果进行细致的数据分析。通过统计、图表等

方式，全面了解读者对各项服务的满意度水平，找出存在的问题和亮点。

2. 问题应对

针对调查中发现的问题，图书馆应采取有针对性的改进措施。这可能包括加强培训员工的服务技能、改善图书馆设施、优化数字资源的检索体验等方面。改进的方案应该根据问题的性质和严重程度进行优先级排序。

（三）持续改进机制的建立

1. 建立反馈机制

公共图书馆可以通过建立定期的反馈机制，及时了解读者的需求和意见。这可以通过设立意见箱、在线反馈渠道等方式实现。及时的反馈有助于图书馆更加敏锐地捕捉问题，并及时做出调整。

2. 开展培训计划

为提高服务质量，公共图书馆可以定期进行员工培训计划。培训内容可以涵盖服务技能、沟通能力、数字资源应用等方面。员工通过不断提升专业素养，将更好地满足读者需求。

二、公共图书馆服务标准化与质量管理体系的建立与完善

（一）服务标准化的建立

1. 制定服务标准

公共图书馆可以制定详细的服务标准，明确各项服务的具体内容和要求。这包括图书馆开馆时间、员工服务礼仪、借阅流程等多个方面。标准的制定有助于确保服务的一致性和规范性。

（1）开馆时间的详细规定

在制定图书馆服务标准时，首要任务是规定开馆时间。这不仅包括每日的具体时间安排，还需要考虑到特殊日期、假期和紧急情况下的调整措施。为了确保服务的连续性，可以制定开馆前的准备工作标准，以便在图

书馆正式开放前确保一切井然有序。

第一，每日开馆时间安排。制定具体的每日开馆时间表，确保服务对读者可及。此部分应包含每日开馆和闭馆的准确时间，并在标准中明确特殊情况下的调整原则。

第二，特殊日期和假期的服务安排。明确在特殊日期和假期期间的开馆时间和服务安排。这可能涉及调整员工轮班制度、提前通知读者特殊服务时间等方面的规定。

第三，紧急情况下的服务保障。在紧急情况（如自然灾害、突发事件）下，制定开馆时间的应急措施，确保服务能够及时响应，并在服务标准中明确通知读者的渠道。

（2）员工服务礼仪的具体规范

员工服务礼仪是公共图书馆服务标准中的关键要素。通过详细规范员工服务礼仪，可以提高服务效率、塑造良好的图书馆形象，并增进读者满意度。

第一，问候语和沟通技巧的规范。详细规定员工在服务过程中使用的问候语和沟通技巧，以确保与读者的良好沟通。这可能包括针对不同读者群体的差异化处理方式。

第二，解决问题的标准流程。制定员工解决问题的标准流程，确保问题能够得到及时妥善的处理。标准中可以包括问题上报、跟进、解决和对读者的反馈等环节。

第三，个人形象和仪容仪表标准。制定员工个人形象和仪容仪表的标准，确保员工代表图书馆时能够给读者留下良好的印象。这可能包括服装规范、仪表仪态等方面的具体要求。

（3）借阅流程的详细规定

借阅流程是图书馆服务的核心环节之一。通过详细规定借阅流程，不仅能提高服务效率，还能降低读者的操作难度，增加服务的便利性。

第一，借阅条件的明确规定。明确借阅图书的条件，包括但不限于借阅证件种类、借阅限额、借阅期限等。在服务标准中规定这些条件，有助于读者理解借阅的基本规则。

第二，借阅期限和续借方式的规范。详细规定不同类型图书的借阅期限，以及读者可以采取的续借方式。这包括在线续借、电话续借等多种方式，以满足不同读者的需求。

第三，还书流程和罚款规定。规定读者还书的具体流程，包括还书箱位置、时间要求等。同时，制定迟还图书的罚款规定，以激励读者按时归还图书。

2. 服务标准的宣传

制定好的服务标准需要通过各种渠道向读者宣传。这可以通过图书馆的官方网站、社交媒体、宣传册等方式进行。读者了解服务标准后，更容易形成对服务质量的期待。

（1）官方网站的服务标准宣传

服务标准的宣传渠道之一是图书馆的官方网站。通过在网站上发布详细的服务标准内容，读者可以随时随地获取相关信息。这包括网站页面的设置、信息更新频率等规范。

第一，服务标准页面的建设。在官方网站上设立专门的服务标准页面，以便读者能够方便地找到和了解服务标准。页面设计应简洁清晰，内容结构合理，以提高读者的浏览体验。

第二，定期更新服务标准信息。制定服务标准宣传计划，定期更新官方网站上的服务标准信息。确保读者获取的信息是最新、准确的，提高服务标准的透明度。

（2）社交媒体的服务标准传播

社交媒体是一种快速传播信息的工具，通过在社交媒体平台上宣传服务标准，可以迅速传递给广大读者。

第一，制订社交媒体宣传计划。制订社交媒体宣传计划，明确服务标准在不同社交媒体平台上的发布频率、形式和内容。可以结合图文、视频等多种形式，以强化宣传效果。

第二，与读者互动的社交媒体互动。建立与读者的互动机制，通过社交媒体平台回应读者关于服务标准的问题和建议。这种互动可以增加读者对图书馆的参与感，同时也为图书馆提供了宝贵的反馈信息。

（3）宣传册的设计与制作

除了在线渠道，宣传册作为一种传统的宣传方式同样不可忽视。通过设计具有吸引力的宣传册，能够更直观地向读者传达服务标准的重要内容。

第一，宣传册的内容结构。在宣传册中，明确划分服务标准的各个方面，以便读者能够快速了解。内容结构的合理设计是宣传册制作的基础。

第二，图文并茂的设计风格。采用图文并茂的设计风格，通过图片、图表等形象化手段展示服务标准，使读者更容易理解和记忆。同时，宣传册的整体风格应与图书馆的品牌形象一致。

（二）质量管理体系的建立与完善

1. 引入质量管理体系

（1）引入国际通用的质量管理体系

为了提升图书馆服务的质量和效率，图书馆可以考虑引入国际通用的质量管理体系，如 ISO 9001 等。引入这样的体系有助于建立科学的服务质量管理机制，确保服务符合国际标准并得到认可。ISO 9001 作为一种全球通用的质量管理体系，通过明确的质量政策和程序，可以帮助图书馆更好地组织、规范和优化各项服务流程。

（2）制定质量管理体系标准与指南

引入质量管理体系不仅仅是简单地采纳 ISO 等国际标准，还需要根据图书馆的特点和需求，制定相应的质量管理体系标准与指南。这包括明确服务标准、制定流程规范、建立绩效评估体系等，确保质量管理体系符合图书馆的实际情况，能够有效指导和推动各项服务工作。

（3）建立质量管理团队与培训计划

为了成功引入质量管理体系，图书馆可以成立专门的质量管理团队，负责体系的建设和推行。同时，制定培训计划，培养图书馆工作人员的质量意识和操作技能，确保每位员工都能够理解和参与到质量管理体系的执行中，形成全员质量管理的氛围。

2. 内部审核与改进

（1）定期进行内部质量审核

为了确保质量管理体系的长期有效性，图书馆可以定期进行内部质量审核。通过独立的审核团队对服务标准的执行情况进行全面审查，及时发现存在的问题和潜在风险。这有助于保持质量管理体系的持续改进和适应性。

（2）制定内部审核计划和流程

在进行内部质量审核时，图书馆需要制定详细的内部审核计划和流程。明确审核的目标、范围和方法，确保审核的全面性和客观性。同时，建立内部审核报告和改进建议的反馈机制，使得审核结果能够为图书馆的决策提供有力支持。

（3）持续改进机制

内部审核不仅仅是发现问题，更重要的是通过改进建议和行动计划实现问题的持续改进。图书馆需要建立健全的改进机制，确保每一次的内部审核都能够推动服务流程的不断优化，提高服务质量。通过设立改进项目、追踪改进进展等方式，确保质量管理体系能够持续向更好的方向发展。

三、数据驱动的服务优化与持续改进机制的构建

（一）数据收集与分析

1. 数据收集工具

（1）先进的数据收集工具的引入

公共图书馆在数据收集方面可以充分利用先进的工具，如用户行为分

析工具和服务流程监控系统等。引入这些工具可以实现对用户行为和服务流程的全面监控和深入分析。用户行为分析工具可以跟踪用户在图书馆网站和移动应用上的行为，包括检索、借阅、参考咨询等，从而获取用户的使用习惯和需求。服务流程监控系统则能够记录和分析图书馆内部服务流程，帮助发现服务环节中的瓶颈和问题。

（2）定制化数据收集工具

除了引入通用的数据收集工具，图书馆还可以根据自身需求定制化数据收集工具。通过定制工具，图书馆能够更准确地捕捉特定信息，满足个性化的数据需求。例如，可以开发专门用于统计特定活动参与人数的应用，或者设计定制化的问卷调查工具，以更全面地了解读者对于服务的满意度和建议。

（3）数据安全与隐私保护机制

在引入数据收集工具的过程中，图书馆需建立健全的数据安全与隐私保护机制。确保收集到的数据得到妥善保存和处理，防止数据泄露。同时，需要明确告知用户数据收集的目的和使用方式，保护用户隐私权益。

2.数据分析

（1）数据分析的目标与指标设定

在收集到数据后，图书馆需要明确数据分析的目标和指标。设定清晰的分析目标，例如了解用户行为习惯、评估服务热点、分析数字资源使用情况等。同时，制定相关的指标，以量化评估和衡量分析结果。

（2）用户行为分析

通过用户行为分析，图书馆可以深入了解读者在图书馆平台上的行为习惯。这包括检索关键词、浏览图书信息、借阅记录等。通过分析这些行为数据，图书馆可以把握读者的兴趣点，优化图书馆资源的推荐和展示方式，提升用户体验。

（3）服务流程优化

通过服务流程监控系统收集的数据，图书馆可以对服务流程进行深入分析。了解服务环节中的效率、满意度等关键指标，发现存在的问题和改进空间。这有助于图书馆优化服务流程，提高服务质量。

（4）数字资源使用情况分析

对数字资源的使用情况进行数据分析，可以帮助图书馆了解数字资源的受欢迎程度、使用频率等信息。基于这些数据，图书馆可以制定更有针对性的数字资源采购计划，满足用户的需求，提升数字资源的利用率。

（二）服务优化与持续改进机制

1.根据数据调整服务策略

（1）制定服务策略的数据基础

图书馆应该根据数据分析的结果制定服务策略。通过深入了解读者需求和行为，图书馆可以获取关键信息，包括用户偏好、服务热点、数字资源使用情况等。这些数据成为调整服务策略的基础，为图书馆提供有力支持，确保服务的针对性和有效性。

（2）个性化服务策略的实施

基于数据分析，图书馆可以实施个性化的服务策略，满足不同读者群体的个性化需求。例如，通过推荐系统根据用户历史借阅记录为其推荐相关图书，提高图书命中率。同时，根据用户行为数据调整馆内空间布局，提升服务效率和用户体验。

（3）针对性宣传与推广活动

利用数据分析结果，图书馆可以有针对性地进行宣传与推广活动。通过了解用户对特定活动的兴趣和参与程度，图书馆可以优化宣传渠道和方式，强化宣传效果。例如，在特定时间段推出针对某一用户群体的主题活动，提高活动参与度。

2.持续改进机制

（1）定期服务评估

图书馆应建立定期的服务评估机制，通过定期对服务进行综合评估，包括用户满意度、服务效率、资源利用率等方面。通过评估结果，图书馆可以发现存在的问题和改进的空间，为服务的长期优化提供依据。

（2）制定改进计划

基于服务评估结果，图书馆需要制定详细的改进计划。明确改进的重点和目标，制订具体的行动计划。这可能涉及服务流程的调整、员工培训、设施更新等多个方面。确保改进计划的实施能够全面推进服务质量的提升。

（3）持续培训与提升员工素质

持续改进需要员工的积极参与和支持。图书馆应建立持续培训机制，提升员工的服务意识、专业技能和沟通能力。通过培训，使员工更好地理解用户需求，适应服务策略的调整，为用户提供更加高效、贴心的服务。

（4）长期发展目标的设定

为了引导图书馆在服务优化方面持续努力，图书馆需要设定长期发展目标。这些目标应该涵盖服务质量、数字化服务、社区参与等多个方面。通过明确的长期目标，图书馆可以更好地规划和推动服务的不断创新与升级。

（三）技术支持与人才培养

1. 技术支持

（1）先进信息技术的投资

图书馆作为信息服务机构，需要不断投资于先进的信息技术，以支持数据的收集和分析。这可能包括更新图书馆管理系统、引入智能化服务工具等。通过投资于最新的信息技术，图书馆能够更高效地管理馆藏、提供服务，并满足读者个性化的需求。例如，采用 RFID 技术对图书进行智能管理，提高图书流通效率。

（2）智能化服务工具的引入

智能化服务工具在图书馆中的应用可以极大地提升服务的水平。这包括智能检索系统、自助借还设备、虚拟助手等。通过引入这些工具，图书馆能够实现更便捷的服务流程，减轻工作人员的负担，提高服务效率。例如，借助智能检索系统，读者可以更快速地找到所需图书，提高图书利用率。

（3）数据安全与信息隐私保护

随着技术的发展，图书馆在使用信息技术的同时需要关注数据安全与信息隐私保护。建议图书馆建立完善的数据安全机制，包括加强网络安全、确保用户数据隐私等。同时，通过制定相关政策和规定，规范信息技术的使用，保护读者的个人隐私。

2. 人才培养

（1）数据分析与服务优化团队的建设

为了更好地利用技术手段实现服务的持续改进，建议图书馆建设一支具有数据分析和服务优化专业知识的团队。该团队可以包括数据分析师、信息科技专家、用户体验设计师等多个职业领域的人才。通过协同工作，这支团队能够深入了解用户需求，通过数据分析提出科学的服务改进建议。

（2）定期培训与学术交流

人才培养是持续发展的关键。建议图书馆为技术支持与人才培养团队提供定期的培训机会，使团队成员始终保持在技术和服务优化领域的前沿。培训内容可以包括最新的信息技术应用、数据分析方法、用户研究等方面。同时，鼓励团队成员参与学术交流，通过参加行业会议、研讨会等活动，与同行进行深入的学术交流，提高团队的综合素质。

（3）跨学科团队合作

为了更好地应对图书馆服务的多样性和复杂性，建议图书馆鼓励跨学科团队的合作。与信息技术、图书馆学、社会学等领域的专家形成合作关系，能够为图书馆服务的技术支持与人才培养提供更全面的视角和解决方案。

第二节　数据分析与决策支持

一、数据采集与分析平台的建设与管理

（一）数据采集平台的构建

1. 数据来源的明确

在建设数据采集平台时，首先需要明确数据的来源。这包括图书馆内部系统的数据、外部数据库的数据，以及读者行为数据等多个方面。明确数据来源有助于确定数据采集的范围和方式。

2. 数据采集工具的选择

选择适用的数据采集工具，确保能够高效、准确地获取各类数据。这可能涉及使用传感器、数据库抽取工具、网络爬虫等多种技术手段。

3. 数据采集的频率和实时性

确定数据采集的频率，以及是否需要实时获取数据。不同类型的数据可能需要不同的采集频率，如图书借还数据可能需要实时获取，而馆内温度数据可能以每小时为单位采集。

（二）数据管理平台的搭建

1. 数据存储结构的设计

建立合理的数据存储结构，确保各类数据能够有序存储、高效检索。这可能包括关系型数据库、非关系型数据库等不同的存储方式。

2. 数据质量管理

建立数据质量管理机制，包括数据清洗、去重、纠错等步骤，以确保分析所使用的数据是准确可信的。数据质量的保障对于后续决策的准确性至关重要。

3.数据安全与隐私保护

在建设数据管理平台时，必须考虑数据的安全性和读者隐私的保护。采用加密技术、访问控制策略等手段，确保数据在存储和传输过程中的安全性。

二、数据可视化与决策辅助工具的应用与优化

（一）数据可视化工具的选择

1.选用合适的数据可视化工具

（1）Tableau 的应用

深入探讨 Tableau 在图书馆数据可视化中的应用。Tableau 作为一款强大的商业智能工具，具有丰富的图表类型和灵活的数据连接能力，能够满足图书馆庞大数据集的处理需求。通过案例分析和应用场景展示，论述 Tableau 如何更好地转化图书馆数据为直观、易懂的图表和图形。

（2）Power BI 的优势

对 Power BI 进行详细介绍，分析其在图书馆数据可视化中的优势。Power BI 作为 Microsoft 的业务分析工具，具有直观的用户界面和强大的数据处理能力。通过实际应用案例，说明 Power BI 如何提高决策者对图书馆数据的理解，为决策提供更有力的支持。

2.自定义可视化报表

（1）读者借阅趋势的自定义报表

详细介绍如何通过数据可视化工具自定义报表，突显读者借阅趋势。通过选择合适的图表类型、设置时间维度等方式，使报表更具信息密度和可读性。通过实际案例，阐述自定义报表如何帮助图书馆了解读者行为，进行更精准的服务规划。

（2）图书馆空间利用率的可视化展示

探讨如何通过数据可视化工具展示图书馆空间利用率。通过自定义报表，

可以将空间利用率以直观的形式呈现，例如热力图、柱状图等。通过比较不同时间段的利用率数据，为图书馆空间布局和资源配置提供科学依据。

（二）决策辅助工具的应用

1.数据挖掘与预测分析工具的整合

（1）整合数据挖掘工具

深入探讨数据挖掘工具在图书馆决策中的作用。通过将数据挖掘技术应用于读者借阅历史数据，分析其阅读偏好和借阅频率，为图书馆提供更深入的用户洞察。讨论数据挖掘模型的选择、建立以及结果的解读，以支持图书馆的图书采购策略。

（2）预测分析工具的应用

对预测分析工具进行详细介绍，着重阐述其在图书馆决策中的应用。通过分析读者行为趋势，预测未来的需求，为图书馆提供科学依据。通过案例研究，说明预测分析工具如何帮助图书馆提前应对变化，提高服务效能。

2.用户行为分析工具的应用

（1）引入用户行为分析工具

详细介绍引入用户行为分析工具的背景和必要性。通过收集读者在图书馆内的行为数据，包括停留时间、借还书行为等，进行深入分析。讨论如何选择和使用用户行为分析工具，以获取更全面的读者行为洞察。

（2）优化图书馆布局与服务

通过用户行为分析工具产生的数据，优化图书馆的布局和服务。例如，通过分析读者在不同区域的停留时间，优化图书摆放位置，提高热门书籍的可及性。同时，根据读者浏览行为，调整图书馆服务的时间和人员安排，提升整体服务质量。

3.决策辅助工具的用户培训

（1）培训计划的制订

探讨如何制定有效的决策辅助工具培训计划。通过了解决策者和图书馆工作人员的需求，设计针对性的培训内容。讨论培训形式的多样性，包括在线教程、面对面培训等，以满足不同用户的学习需求。

（2）培训效果评估

建议建立培训效果评估机制，通过考核和反馈了解培训的实际效果。探讨如何通过用户反馈、培训后的工作表现等方式评估培训的成效，从而不断优化培训计划，确保用户能够熟练操作和理解决策辅助工具生成的报表。

（三）工具应用的优化与升级

1. 定期更新工具版本

及时升级使用的数据可视化和决策辅助工具，以获得最新的功能和性能优化。定期的版本更新能够提升工具的稳定性和用户体验。

2. 用户反馈的整合

收集用户对工具使用的反馈，针对用户需求进行优化。通过用户反馈，发现工具存在的问题并及时解决，以提高工具的实用性和用户满意度。

3. 定期评估工具效果

建立定期评估机制，通过数据分析工具的使用情况、决策效果等指标，评估工具的实际效果。根据评估结果，调整和优化工具的功能和性能。

三、数据驱动决策在公共图书馆服务中的应用与实践

（一）数据驱动决策的理念推动

1. 建立数据驱动文化

（1）培训与知识分享

在推动数据驱动决策的理念时，首要任务是建立数据驱动文化。通过内部培训，向组织成员传达数据在决策中的关键作用，培养他们对数据的敏感性和理解。知识分享是另一个关键手段，通过分享数据应用的成功案

例、经验教训，促使组织成员更好地理解数据对决策的价值。

（2）组织成员的理解和接受

深入研究如何使组织成员理解和接受数据对决策的重要性。这可能包括制定明确的数据培训计划，以满足不同层次、不同岗位的学习需求。同时，通过组织内的沟通渠道，不断普及数据驱动理念，确保每个成员都能够认识到数据对于决策的关键价值。

2. 领导层的支持与示范

（1）领导层在数据驱动决策中的重要作用

深入探讨领导层在数据驱动决策中的关键作用。领导层不仅需要理解数据的价值，更要在实际工作中充分运用数据进行决策，向组织传递数据的权威性和可信度。通过领导层的积极参与，可以在组织内形成对数据驱动决策的共识，推动理念的深入贯彻。

（2）领导层的示范作用

强调领导层在数据驱动理念中的示范作用。领导层应该成为数据驱动文化的榜样，通过在决策中运用数据、公开分享数据思维的过程，激发团队对数据的关注和应用热情。领导的示范作用能够更有效地引导整个组织朝着数据驱动的目标迈进。

（二）数据驱动决策的实践步骤

1. 问题定义与目标设定

在实践数据驱动决策时，首先需要明确问题定义和决策目标。这可能涉及图书馆资源利用效率、读者服务质量提升等方面。明确问题和目标有助于确定需要收集的数据类型和范围。

2. 数据收集与整合

根据问题定义和目标设定，制定相应的数据收集计划。整合来自不同来源的数据，确保数据的完整性和准确性。这可能需要协调图书馆内部各个部门，确保数据的全面性。

3.数据分析与模型建立

运用统计分析和机器学习等方法对收集到的数据进行分析。建立相关的模型，探索数据之间的关联性，并提取对决策有价值的信息。例如，可以通过分析读者借阅记录，预测不同书籍的需求量。

4.结果解释与决策制定

将数据分析的结果进行解释，形成对决策有指导意义的结论。在这一阶段，需要确保决策者能够理解数据分析的过程和结果。基于数据分析的结论，制定相应的决策方案，如优化图书采购、调整开馆时间等。

（三）数据驱动决策的监测与调整

1.决策效果的监测

（1）建立监测机制

实施决策后，图书馆应该建立完善的监测机制，以追踪决策的效果。监测机制可能涉及数据收集、指标设定等方面的工作。通过建立科学的监测手段，图书馆可以全面了解决策的实施情况，及时发现潜在问题。

（2）决策效果的评估

深入研究如何评估决策的效果。这可能包括对比决策前后的数据变化，制定合适的评估指标，确保评估过程客观、准确。通过科学的评估，图书馆可以判断决策是否达到预期目标，为进一步的调整提供依据。

2.反馈机制的建立

（1）用户和员工反馈的收集

建立用户和员工反馈机制，积极收集他们的实际体验和意见。用户和员工身处服务的前线，他们的反馈能够直观地反映决策对服务的影响。通过建立反馈渠道，图书馆可以获得更全面的信息，及时发现并解决问题。

（2）反馈数据的分析与应用

深入研究如何分析和应用用户和员工的反馈数据。这可能包括建立反馈数据分析模型、制定应对策略等步骤。通过科学分析反馈数据，图书馆可以更准确地了解服务的优势和不足，为进一步的决策调整提供有力支持。

3.决策模型的更新与优化

（1）基于监测和反馈的决策调整

根据监测结果和反馈意见，及时调整决策。这可能包括重新收集数据、优化模型参数等步骤，以确保决策持续适应图书馆服务的变化。通过及时地调整，图书馆可以保持决策的敏捷性和适应性。

（2）决策模型的长期更新

深入研究长期更新决策模型的方法。这可能包括建立定期的决策模型更新计划、引入新的数据源等手段。通过长期更新，图书馆可以保持决策模型的有效性，适应服务环境的不断变化。

第三节　创新管理模式与方法

一、创新管理理念与模式的引入与应用

（一）引入创新管理理念

1.创新管理的概念和重要性

引入创新管理理念，首先需要明确创新管理的概念和其在图书馆管理中的重要性。创新管理不仅仅涉及技术创新，还包括组织结构、服务模式等多个方面。在公共图书馆中，创新管理能够推动服务质量的提升，增强图书馆的竞争力。

（1）创新管理的概念

创新管理是一种全面的战略方法，旨在通过有效地引入和应用创新，实现组织的长期成功和可持续发展。创新管理不仅仅关注技术层面的创新，还包括组织文化、流程设计、产品和服务模式等方方面面。在公共图书馆

的背景下，创新管理可以被理解为一种使图书馆能够适应社会、技术和文化变化的策略性方法。这包括对图书馆资源、服务和管理方式进行不断革新，以更好地满足读者的需求。

创新管理不仅是一种方法论，更是一种组织文化的体现。它鼓励员工从不同的角度思考问题，提倡实验和学习，注重团队协作和开放的沟通。在创新管理中，重视的不仅是新技术的引入，更是如何在组织内部培养一种持续改进和创新的氛围。

（2）创新管理在图书馆管理中的重要性

第一，提升服务质量。在公共图书馆中，提供高质量的服务一直是首要目标。创新管理通过引入新的服务模式、采用先进的技术手段，使图书馆能够更灵活、更高效地满足读者需求。例如，引入自助借还系统、数字化图书馆资源等创新措施，提升了服务的便捷性和多样性。

第二，增强竞争力。图书馆作为知识服务机构，面临着来自各种信息和娱乐渠道的竞争。创新管理使图书馆能够及时适应社会和科技的变化，保持在信息服务领域的竞争力。通过引入新技术、更新图书馆设施、设计创新性的活动，图书馆能够吸引更多读者，提高社区影响力。

第三，提高读者满意度。创新管理关注读者体验，致力于从读者的角度出发，提供更符合他们期望的服务。通过引入用户参与的设计理念、数字化服务等方式，图书馆能够更好地理解读者需求，定制更贴心的服务，从而提高读者满意度。

2. 创新管理理念的核心要素

随着社会、科技和信息环境的不断变化，图书馆作为信息服务机构需要不断适应新的挑战和变革。在这个背景下，创新管理理念成为图书馆不可或缺的一部分。

（1）开放性

图书馆应该拥抱开放的思维，鼓励内外部的开放合作。内部开放意味着打破部门之间的信息壁垒，促进员工之间的协作与信息共享。外部开放则包括与其他图书馆、文化机构、高校等建立紧密的合作关系，共同推动图书馆事业的发展。通过开放性的管理，图书馆能够更好地利用外部资源，获得新的观点和想法，推动服务模式的创新。

（2）灵活性

灵活性意味着图书馆要有快速适应变化的能力，能够灵活调整组织结构、服务模式和管理方法。灵活性的体现包括对新技术的快速采纳，对用户需求的敏感度，以及对市场变化的及时应对。通过灵活性的管理，图书馆能够更好地应对未知的挑战，把握机遇，确保服务的持续创新。

（3）学习型组织

图书馆应该建设一个能够不断学习和适应的组织文化。这包括建立学习型团队，鼓励员工参与培训和学术交流，以及建立知识管理系统，促进知识的传递和分享。通过建设学习型组织，图书馆能够更好地利用内部智慧，不断提升员工的专业水平，推动服务的不断创新。

（4）持续改进

图书馆应该将改进作为一种文化贯穿于整个组织。这包括对服务流程、管理体系、技术工具的不断审视与优化。建立反馈机制，鼓励员工提出改进建议，并将其纳入组织的决策过程。通过持续改进的管理，图书馆能够不断提高服务质量，更好地满足读者的需求。

（二）创新管理模式的应用

1. 开放式创新管理模式

（1）开放式创新管理模式介绍

开放式创新管理模式强调跨界合作和资源共享，对于公共图书馆而言，这意味着与社区、其他图书馆、创新机构等建立紧密合作关系，共同推动图书馆服务的创新发展。这一模式打破了传统的封闭式创新观念，通过开放的合作，获取外部的知识、经验和创新灵感，从而提高服务水平和满足多样化的用户需求。

（2）开放式创新管理在公共图书馆的应用

在公共图书馆中，开放式创新管理模式的应用体现在多个方面。首先，通过与社区的紧密合作，图书馆能够更好地了解社区居民的需求，为其提供更贴近生活的服务。其次，与其他图书馆的合作可以实现资源共享，提高馆藏的多样性和丰富性。与创新机构的合作则为图书馆引入先进的科技和管理理念，推动服务模式的不断创新。

（3）开放式创新管理模式的优势

开放式创新管理模式的优势在于通过外部合作获取更多资源和知识，打破了组织内部的局限性，提高了创新的速度和效果。在公共图书馆中，这一模式有助于更好地满足社区需求，推动数字化服务的发展，提升图书馆在社区中的地位。

2. 设计思维管理模式

（1）设计思维管理模式深入探讨

设计思维管理模式强调以用户为中心的服务设计，通过引入用户参与的设计方法，理解用户需求，优化服务流程，提高用户满意度。这一模式追求通过创新设计来解决问题，强调实践和反馈，使服务更加贴近用户期望。

（2）设计思维管理在公共图书馆的应用

在公共图书馆中，设计思维管理模式的应用体现在服务设计和空间规划上。通过深入了解读者的需求，图书馆可以优化馆内布局，提升阅读体验。通过用户参与的设计工作坊等形式，可以收集读者的意见和建议，指导图书馆服务的创新和改进。

（3）设计思维管理模式的优势

设计思维管理模式的优势在于强调用户体验和需求，通过不断的实践和反馈，提高服务的质量和用户满意度。在公共图书馆中，这一模式有助于打造对用户更加友好的服务环境，提高图书馆的社会影响力。

3.敏捷管理模式

（1）敏捷管理模式介绍

敏捷管理模式注重快速响应变化，通过分阶段、小步快跑的方式推进项目，适应图书馆服务的快速变化和不确定性。这一模式强调灵活性和团队协作，使图书馆更好地适应外部环境的变化。

（2）敏捷管理模式在公共图书馆的应用

在公共图书馆中，敏捷管理模式可以应用于项目管理、数字服务推进等方面。通过设立短期目标，不断调整服务策略，图书馆可以更迅速地适应社区需求的变化，推动数字服务的创新。

（3）敏捷管理模式的优势

敏捷管理模式的优势在于提高项目的透明度和灵活性，降低了项目失败的风险。在公共图书馆中，这一模式有助于更好地应对信息技术的迅猛发展，更灵活地满足读者的需求。

通过引入开放式创新管理、设计思维管理和敏捷管理这三种创新管理模式，公共图书馆能够更好地适应变化的环境，不断创造和应用新的管理方法，提高服务质量，推动图书馆事业的发展。

二、管理团队建设与组织架构优化

（一）创新管理团队的构建

1.团队成员选拔与培训

（1）选拔标准的制定

在构建创新管理团队时，制定明确的选拔标准至关重要。团队成员应当具备跨学科、跨专业的背景，以确保团队能够综合运用不同领域的知识和技能。选拔标准可以包括专业背景、项目经验、创新意识等方面，通过综合评估，选拔具备创新潜力和实践经验的成员。

（2）培训方案的设计

培训是团队建设中不可或缺的一环。为了提高团队成员的综合素质，培训方案应注重创新思维和团队协作能力的培养。可以组织专业的创新训练课程，邀请创新领域的专家进行指导，同时通过参与外部研讨会、学术交流等方式，拓宽团队成员的学术视野，提高其在创新管理领域的实际操作能力。

2.多元文化团队的建设

（1）文化差异管理

多元文化团队的建设需要充分考虑文化差异的管理。领导者应该具备跨文化沟通的能力，鼓励成员分享各自的文化背景和看法，以促进更好的沟通和理解。通过建立文化交流平台，组织文化体验活动等方式，打破文化隔阂，形成更加融洽的工作氛围。

（2）激励机制的建立

为了激发多元文化团队成员的创新潜力，建立激励机制是必要的。激励不仅仅体现在物质层面，更应关注对文化贡献的认可和奖励。通过设立文化多样性奖项鼓励团队成员分享文化发现等方式，激励多元文化团队更好地发挥各自的优势，共同推动创新管理工作的开展。

（二）组织架构的优化

1.扁平化组织结构的设计

（1）决策流程的加速

扁平化组织结构的设计直接关系到决策的迅速执行。减少管理层级可以缩短信息传递路径，降低决策层级，使得组织更加灵敏迅速地应对变化。这种结构能够激发更直接的沟通和协作，为创新管理团队提供更为高效的工作环境。

（2）沟通渠道的开放性

通过简化层级结构，扁平化组织鼓励员工更自由地与管理层进行交流。开放的沟通渠道有助于员工更直接地提出创新想法、反馈问题，并能够更加积极地参与组织决策。这种开放性促进了组织内部的知识分享和信息传递，为创新提供了更为广泛的平台。

2. 跨部门协作机制的建立

（1）信息共享与资源整合

跨部门协作机制的建立通过打破信息孤岛，促进了不同部门间的信息共享和资源整合。这种机制使得组织能够更全面地了解各部门的专业知识和资源，为创新管理团队提供了更为丰富的支持。通过协同合作，各部门的专业优势能够更好地结合，产生协同效应。

（2）协同创新的推动

跨部门协作机制推动协同创新，通过整合各部门的专业知识和经验，组织可以更好地应对复杂多变的创新项目。这种协同创新的方式促使不同领域的专业人才共同思考问题，从而提高创新的质量和效率。

3. 弹性人才配置

（1）项目需求的灵活调整

弹性人才配置机制允许根据项目的具体需求，灵活地调整团队成员。这种机制确保团队始终具备适应不同创新项目所需的专业技能和知识。通过灵活配置人才，组织能够更好地适应项目的变化，确保创新管理团队在不同领域的项目中都具备竞争力。

（2）适应性和灵活性的提高

弹性人才配置机制提高了团队的适应性和灵活性。随着创新项目的推进，组织可以根据需要调整团队结构，确保项目团队的合理配置。这种灵活性有助于提高团队对变化的应对能力，保持组织在创新管理领域的竞争力。

三、创新管理策略对图书馆发展的促进与支持

（一）战略创新管理

1. 创新战略的制定

（1）对外部环境的分析

在制定创新战略时，图书馆需要进行全面的外部环境分析。这包括对行业趋势、技术变革、社会文化等多个方面的认知。通过对外部环境的深入了解，图书馆能够把握未来发展的机遇和挑战，为创新战略的制定提供坚实的基础。

（2）竞争对手的评估

评估竞争对手对于制定创新战略同样至关重要。深入了解竞争对手的优势和劣势，可以帮助图书馆找到自身在行业中的定位，并在创新方向的选择上做出明智的决策。这也有助于预测行业未来的竞争格局，为创新提供战略性的指导。

（3）与图书馆使命和愿景的一致性

创新战略的制定必须与图书馆的使命和愿景相一致。这意味着创新方向和目标应当与图书馆长期发展规划相契合，确保创新不仅推动图书馆的变革，同时与其核心价值和愿景保持一致。这种一致性有助于确保创新战略的可持续性和战略执行的有效性。

2. 战略执行的关键因素

（1）领导力的作用

领导力在创新战略执行过程中扮演着关键的角色。领导者需要具备愿景、鼓励创新、推动变革的能力。他们的引领作用能够激发团队的创造力，推动创新战略的顺利实施。领导者还需要在整个执行过程中提供清晰的指导和支持，确保团队对创新目标的全面理解。

（2）组织文化的影响

组织文化对创新战略的执行具有深远的影响。积极鼓励创新的组织文化有助于培养员工的创造性思维和积极性。通过建设开放、包容、鼓励试错的文化氛围，图书馆能够更好地推动创新战略的实施。组织文化的塑造需要长期投入，但对于创新战略的成功执行至关重要。

（3）明确的目标和执行机制

良好的执行需要明确的目标和高效的执行机制。制定切实可行的目标有助于团队对创新任务的集中精力，而高效的执行机制则确保任务的顺利推进。建立定期的战略执行评估机制，及时发现和解决执行中的问题，有助于提升创新战略的实施效果。

（二）服务创新管理

1. 用户参与的服务创新

（1）用户参与在服务创新中的作用

用户作为图书馆服务的主体，其参与在服务创新中具有重要作用。引入用户参与的方式有助于更深入地理解用户需求，为图书馆提供有针对性的服务。通过用户调查、焦点小组等方式，可以获取用户对服务的直接反馈，帮助图书馆更及时、准确地做出改进和优化。用户参与不仅提高了服务的实效性，还能够增强用户的参与感和满意度。

（2）用户参与的方式和工具

深入探讨用户参与的具体方式和工具对于服务创新至关重要。建立用户反馈平台、组织定期的用户体验研讨会等方式，都是有效的用户参与工具。通过这些工具，图书馆可以与用户建立更加密切的互动关系，深挖用户需求背后的真实诉求。这种双向沟通有助于建立用户满意度的长效机制，为服务创新提供源源不断的动力。

2.科技创新与数字化服务

（1）科技创新在数字化服务中的定位

科技创新在数字化服务中扮演着关键的角色。引入新技术，如人工智能和大数据分析，可以为图书馆提供更智能、便捷的数字化服务。人工智能可以实现智能推荐、虚拟助手等功能，大数据分析则有助于了解用户行为、优化资源配置，提高服务的个性化和效率。这些技术的引入是数字化服务向前迈进的动力。

（2）数字化服务的具体应用

深入研究数字化服务的具体应用对于图书馆科技创新至关重要。数字化服务不仅包括数字化馆藏的管理和呈现，还包括在线图书馆系统、移动应用程序等。通过建设智能化的数字化服务平台，图书馆可以更好地满足读者的多样化需求，提供全天候的便捷访问，促进信息资源的更好利用。

（三）文化创新管理

1.组织文化的重要性

（1）组织文化在创新管理中的角色

组织文化在创新管理中扮演着关键的角色。它不仅是组织内部的共同价值观和信仰的反映，更是影响员工行为和决策的关键因素。通过塑造积极的创新文化，图书馆可以激发员工的创造力、鼓励团队协作，为创新管理打下坚实的基础。组织文化不仅是一种精神纽带，更是推动创新不断发展的动力源泉。

（2）组织文化对员工行为的塑造

深入研究组织文化对员工行为的塑造是理解其在创新管理中作用的重要一环。通过共享的文化价值观，组织可以引导员工在工作中展现出积极的创新态度，提高团队协作意识，为创新管理创造有利条件。文化的力量在于能够深刻地影响员工的心理模式，从而引导他们更加积极地参与到创新过程中。

2.创新文化的培育与强化

（1）建立鼓励尝试和失败的文化氛围

深入探讨如何建立鼓励尝试和失败的文化氛围。创新常常伴随着试错，而一个能够容忍失败、鼓励员工尝试新事物的文化氛围，有助于释放创新的潜能。通过分享失败的经验教训，组织可以学到更多的宝贵经验，推动创新的不断演进。

（2）设立创新奖励机制

建议设计创新奖励机制，激励员工提出新点子、参与创新项目。这可以是物质奖励、荣誉奖励，也可以是提供更多资源支持的方式。通过奖励机制，组织可以向员工传递创新的重要性，增强员工的创新动力。

（3）内部活动和培训课程的加强

探讨通过内部活动和培训课程加强员工对创新的认识和理解。这可以包括创新论坛、沙龙、培训课程等形式，通过交流和学习，帮助员工更好地理解创新的概念、方法和实践经验。这种内部活动的开展有助于建立学习型组织，为创新文化的培育提供持续的动力。

第七章　互联网与社交媒体
在公共图书馆服务中的应用

第一节　图书馆网站与移动应用的开发与优化

一、信息技术平台建设与服务功能优化

（一）硬件设施的优化

在信息技术平台建设的过程中，硬件设施的选择和优化对于图书馆的信息处理和存储能力至关重要。通过深入研究硬件设备的选择和优化策略，图书馆可以确保系统在性能和可靠性上达到最佳水平，满足大规模数据处理和存储的需求。

首先，硬件设施的选择。首要的任务是选择适合图书馆需求的硬件设备。在这一阶段，需要综合考虑服务器、存储设备等硬件的性能、容量、可扩展性等方面的因素。新一代的服务器技术可能包括更高的处理能力、更多的内存支持，而先进的存储设备可能具有更大的存储容量和更高的读写速度。选择硬件设备时，要确保其能够满足当前需求并具备足够的可扩展性以适应未来的发展。

其次，硬件设施的优化策略。优化硬件设施需要考虑多个方面，包括性能、可靠性、能耗等。在性能优化方面，图书馆可以采用并行处理、负载均衡等技术，提高数据处理效率。在可靠性方面，采用冗余备份、错误纠正等技术，确保硬件设备在故障时能够迅速切换，保障系统的稳定运行。另外，通过采用节能型硬件和智能化管理技术，还可以降低能耗，实现更加环保和可持续的硬件设施运营。

再次，新一代硬件技术的应用。新一代硬件技术的应用是硬件设施优化的重要方向。例如，图书馆可以考虑采用基于云计算的硬件架构，利用虚拟化技术提高硬件资源的利用率。同时，新型存储设备如固态硬盘（SSD）的应用可以提升数据读写速度，加快信息检索和访问速度。通过引入这些新一代硬件技术，图书馆可以实现更高效、更快速的信息处理和存储。

最后，硬件设施的管理和维护。硬件设施的管理和维护是优化的最后一环。建立定期的巡检和维护计划，及时发现和解决潜在问题。实施有效的硬件设施管理策略，监控硬件设备的运行状态，确保其处于最佳工作状态。定期地更新和升级也是硬件设施保持竞争力的关键，图书馆需要关注硬件技术的发展动态，合理规划硬件设施的更新周期。

（二）软件系统的选择与整合

在公共图书馆信息技术平台建设中，软件系统的选择和整合是至关重要的步骤。本文将详细讨论公共图书馆在信息技术平台上选择的软件系统，并考虑到图书馆的特殊需求，分析适用于图书馆管理的开源或专有软件。

首先，软件系统的选择。在选择软件系统时，公共图书馆需要充分考虑自身的需求和特点。图书馆管理涉及读者服务、图书采购、馆藏管理、借阅归还等多个方面，因此需要一个综合性的软件系统来支持这些功能。可以考虑开源软件如 Koha、Evergreen 等，它们提供了图书馆管理的全方位解决方案。同时，也可以考虑专有软件，如各大图书馆管理系统厂商提供的解决方案，这些系统通常有更丰富的功能和更完善的技术支持。

其次，软件系统的特殊需求定制。考虑到图书馆的特殊需求，可能需要对选择的软件系统进行一定的定制。例如，对于特殊的馆藏分类方式、读者服务需求，软件系统可能需要进行定制开发，以更好地适应图书馆的实际情况。这一过程需要深入了解图书馆的运作模式，与软件开发团队充分沟通，确保定制的软件系统能够满足图书馆的具体需求。

再次，软件系统的整合。在选择不同软件系统的同时，图书馆还需要关注这些系统之间的整合性。不同的系统可能涉及不同的数据格式、接口标准，因此在系统整合过程中可能会面临一些技术挑战。通过采用标准的数据交换格式和接口，可以实现不同系统之间的数据共享和互通，确保信息在系统间流通畅通。此外，通过建立中央数据仓库或采用企业服务总线（ESB）等技术手段，也能够有效实现系统的整合。

最后，软件系统的升级和维护。软件系统的升级和维护是信息技术平台持续稳定运行的重要环节。图书馆需要定期关注所使用软件系统的升级版本，评估新版本是否能够带来性能提升、功能优化等方面的好处。同时，建立健全的软件维护机制，及时修复系统中出现的漏洞和问题，确保软件系统的稳定性和安全性。

二、移动应用在读者服务与参与中的作用与创新

（一）移动应用的服务创新

1. 随时随地访问服务

移动应用的最大优势之一是实现随时随地的图书馆服务访问。

首先，该特点使得用户能够在任何时间、任何地点都能够使用图书馆服务。通过分析用户行为数据，了解用户在不同时间段的需求，图书馆可以更好地调整服务时间表，提供更贴近用户需求的服务。例如，在晚间用

户活跃度高的时段增加在线咨询服务。

其次,借助定位服务等技术手段,移动应用可以为用户提供特色服务。通过获取用户所在地区的信息,图书馆可以推送当地的文化活动、社区读书会等信息,让服务更具地域性。这种服务创新不仅提升了用户体验,也促进了图书馆与社区的融合。

2. 个性化推荐与服务优化

个性化推荐是移动应用的一项关键服务。

首先,通过分析用户的历史数据和行为模式,移动应用可以实现个性化的图书推荐。通过建立用户兴趣模型,系统可以更准确地预测用户的阅读喜好,为其推荐更符合口味的图书。这不仅提高了用户的满意度,也促进了图书馆藏书的更好利用。

其次,通过个性化的活动推荐,移动应用可以引导用户参与图书馆举办的各类活动。例如,基于用户的兴趣爱好,推送相关的读书分享会、讲座活动等信息,增加用户参与的可能性。这种个性化的服务优化有助于提升图书馆的社交性和参与度。

3. 技术优势的服务流程优化

移动应用的技术优势可以在图书馆服务流程中发挥作用。

首先,通过智能图书检索功能,用户能够更快速地找到所需图书。通过分析用户的检索行为,移动应用可以优化检索算法,提高搜索结果的准确性,从而提升服务效率。

其次,预约借阅和馆内导航功能也是服务流程优化的关键。通过移动应用,用户可以提前预约图书,避免排队等待。同时,借助室内导航技术,用户能够更轻松地找到所需资源,提高了服务的便捷性和效率。

4. 服务创新的未来展望

服务创新是移动应用发展的关键方向。

首先,未来可以通过更先进的人工智能技术,实现更智能、更精准的个性化推荐。系统可以不断学习用户的阅读习惯和兴趣变化，提供更有深度的个性化服务。

其次，技术在服务流程中的应用也将更加智能化。例如，未来的移动应用可能会引入增强现实技术，为用户提供更丰富的阅读体验。用户通过手机或其他设备可以看到图书的虚拟展示，了解更多相关信息。

再次，移动应用的服务将更紧密地融入用户生活。未来的应用可能会结合社交网络数据，实现用户之间的图书分享和推荐，形成更具社交性的图书馆服务模式。

最后，随着 5G 技术的普及，移动应用的服务将更加快速、稳定。用户在使用图书馆服务时，可以更快地获取到所需信息，进一步提升了移动应用作为图书馆服务平台的效能。

（二）移动应用在读者参与中的作用

1. 在线阅读与电子借阅

深入研究移动应用推出在线阅读、电子借阅等服务的作用。分析这些服务如何拓展读者对图书馆资源的获取渠道，提高数字资源的利用率，推动图书馆服务的数字化转型。

（1）在线阅读服务的拓展

在线阅读服务通过移动应用为图书馆用户提供了更灵活的阅读方式。

首先，用户可以随时随地访问图书馆的数字化图书馆藏，不再受制于实体图书馆的开放时间和地点。这种便捷性拓展了读者对图书馆资源的获取渠道，满足了现代用户随时获取信息的需求。

其次，在线阅读服务使得用户可以在不同设备上同步阅读，提高了阅读的连贯性。用户可以在手机、平板、电脑上无缝切换阅读，极大地增强了用户体验。这种跨平台的服务拓展了数字资源的利用场景，使得用户在多种场合都能够充分利用图书馆的数字化资源。

（2）电子借阅服务的推动

电子借阅服务通过移动应用为用户提供了更高效的借阅流程。

首先，用户可以通过移动应用方便快捷地查询图书馆的电子资源，并进行借阅。这简化了传统借阅流程，提高了用户的借阅效率。

其次，电子借阅服务的推动提高了图书馆数字化资源的利用率。通过在线借阅，图书馆可以更好地追踪电子资源的使用情况，分析热门资源和借阅趋势，为图书馆的数字化采购提供数据支持。这种数据驱动的采购方式更加精准，提高了图书馆数字资源的利用效益。

（3）数字化转型的推进

在线阅读和电子借阅服务的引入推动了图书馆服务的数字化转型。

首先，这两项服务通过数字平台为用户提供了更多选择，促使图书馆服务逐渐脱离传统实体空间的限制，更好地适应数字时代的需求。

其次，数字化资源的推广和利用推动了图书馆的数字化建设。图书馆需要建设更为完善的数字平台，包括服务器设施、数据库管理等方面的技术支持，以确保在线阅读和电子借阅服务的稳定和高效运行。

（4）未来数字服务的发展方向

首先，未来的数字服务可能更加注重个性化体验。通过分析用户的阅读偏好、历史借阅记录等数据，图书馆可以为用户提供更加个性化的数字服务，提高用户黏性。

其次，数字资源的丰富和多样性将成为图书馆数字服务的关键。图书馆需要加强与出版商和数字内容提供商的合作，拓展数字馆藏，以满足不同用户群体的需求。

再次，技术创新将持续推动图书馆数字服务的发展。例如，虚拟现实、增强现实等新技术的引入将为用户提供更为沉浸式的数字阅读体验，拓展数字服务的边界。

最后，数字服务的普及和提升将需要图书馆加强用户教育和培训。图书馆可以通过移动应用提供相关培训课程，帮助用户更好地利用数字资源，提升数字服务的普及度和用户满意度。

2. 读者社群的建立与维护

（1）建立读者社群的初衷与目标

在移动应用中建立读者社群需要明确初衷与目标。首先，明确建立社群的目的，是为了促进读者之间的互动、分享阅读心得，还是为了更好地推动图书馆的活动和服务。其次，确定社群的定位，是面向特定读者群体，如年轻人、学生，还是面向整个图书馆读者。这两方面的明确有助于建立一个有针对性和明确定位的读者社群。

（2）社交功能的引入与优化

社交功能是建立读者社群的重要手段。首先，通过移动应用引入类似社交媒体的互动功能，如点赞、评论、分享等，以激发读者之间的互动。其次，优化社交功能的设计，使之更符合读者的阅读行为和需求。例如，可以推出与阅读相关的话题讨论，引导读者在社群中分享关于图书、阅读体验的内容。

（3）在线讨论与知识分享的推动

在线讨论是读者社群互动的核心内容。首先，通过移动应用推动在线讨论的主题，可以是特定书籍、热门话题、图书馆活动等。其次，引导专业人员、作家等参与在线讨论，提供更丰富的阅读资源和观点。这种引导有助于激发读者的参与热情，形成更有深度和广度的在线讨论。

（4）读者社群的维护与发展

读者社群的建立并非一劳永逸，需要持续的维护和发展。首先，建立专业的社群管理团队，负责监督社群互动，解答读者问题，及时处理争议。其次，定期推出社群活动，如线上读书会、作者访谈等，增进读者对社群的黏性。再次，通过数据分析，了解读者社群的活跃度和用户反馈，根据需求调整社群的运营策略。

3. 移动应用与图书馆活动融合

（1）移动应用与图书馆活动信息推送

移动应用可以成为图书馆活动信息传播的重要平台。通过移动应用推送活动信息，确保读者及时获取到相关的文化活动信息。这可以通过设置消息推送功能，向用户发送关于即将进行的文化活动的提醒。这样，读者在使用移动应用的过程中，会更容易了解到有趣的文化活动，提高参与的意愿。

（2）在线报名与活动参与

借助移动应用的在线报名功能，提高读者对文化活动的参与度。通过移动应用提供在线报名的功能，方便读者直接在应用中完成报名流程。这不仅减轻了读者的报名负担，还提高了报名的便捷性，有助于吸引更多读者参与图书馆的文化活动。

（3）互动与反馈机制的建立

移动应用可以构建互动与反馈机制，增强读者对文化活动的体验。通过设置评论、点赞等互动功能，读者可以在移动应用上分享他们的活动体验，与其他读者互动。这种社交化的互动有助于形成读者社群，增强他们对文化活动的归属感。同时，通过收集用户反馈，图书馆可以及时了解读者对文化活动的满意度和建议，为未来的活动策划提供有益的参考。

（4）数据分析与活动效果评估

移动应用通过数据分析，对文化活动的参与情况进行评估。通过移动应用的数据分析功能，图书馆可以了解到不同文化活动的参与人数、参与时段等信息。这有助于评估不同类型活动的受欢迎程度，为未来活动的策划提供数据支持。同时，通过分析用户反馈，了解活动的优势和不足，为活动改进提供有力的依据。

第二节　社交媒体在读者参与与互动中的作用

一、社交媒体平台运营与读者互动策略的制定与实施

(一) 社交媒体平台的选择与定位

深入探讨选择适合公共图书馆的社交媒体平台，并制定明确的平台定位策略。

1. 社交媒体平台的选择

首先，深入分析主流社交媒体平台的特点，包括但不限于微博、微信、抖音、小红书等。探讨它们的用户群特征、信息传播方式、互动性等方面的差异，为选择最适合公共图书馆的平台奠定基础。

其次，对每个社交媒体平台进行优劣势的详细分析。探讨各平台在可视化展示、实时互动、内容传播等方面的优势，以便图书馆在选择平台时能够根据自身需求做出明智的决策。

结合公共图书馆的服务目标和读者群体，客观评估不同社交媒体平台与图书馆需求的契合度。考虑图书馆提供的服务类型、目标读者的使用习惯等方面，确定选择哪些平台能够最好地传递图书馆的信息和价值。

2. 社交媒体平台的定位策略

首先，明确图书馆在社交媒体上想要呈现的形象与品牌。这可能包括提供专业图书馆服务、鼓励文化交流、促进学术互动等。通过在社交媒体上明确定位，确保图书馆在用户心目中有清晰而一致的形象。

其次，制定社交媒体传播的具体目标和策略。这可能包括增加读者互动、提高图书馆知名度、推广特定活动等。为实现这些目标，制定合适的内容发布、互动回应、活动推广等策略。

最后，根据不同社交媒体平台的特点，差异化运营。例如，在图书馆社交媒体、微博、微信上注重图书的视觉呈现，在抖音上更注重即时互动。通过合理运用不同平台的特性，使图书馆社交媒体传播更加丰富和有深度。

（二）读者互动策略的制定

1. 发布有趣的图书馆资讯

首先，明确图书馆资讯发布的频率，确保信息更新及时。其次，确定发布内容的多样性，包括新书推荐、图书馆活动报道、作者专访等，以吸引不同兴趣领域的读者。

考虑社交媒体是视觉化传播的平台，制定吸引力十足的图书馆资讯发布策略。这可能包括高质量图片、有趣的短视频、图书排行榜等，以吸引读者的眼球。

通过发布引人入胜的问题或话题，激发读者的参与。例如，在推荐新书时询问读者对该书的期待，或在活动报道中征集读者的评论和感想，增加互动性。

2. 开展线上问答

（1）确定问答活动的主题与形式

确定线上问答的主题，可以是图书知识、阅读经验分享等。选择适合的问答形式，如图书知识竞赛、专家在线解答等，以激发读者的学习兴趣。

（2）制定奖励机制

为鼓励读者参与线上问答，制定奖励机制。可以是优惠券、图书馆活动门票等实际奖品，也可以是在社交媒体上进行点赞、分享等虚拟奖励，提高读者的积极性。

（3）提高问答活动的专业性

确保线上问答活动具有一定的专业性，可以邀请图书馆工作人员、专业作者等作为嘉宾，为读者提供有深度的回答，提高活动的品质。

3.推动读者互动活动

（1）策划多样化的互动活动

制定多样化的读者互动活动，如线上读书分享会、作品征集、阅读挑战等。确保活动形式新颖，适应不同读者群体的需求。

（2）制定活动推广计划

通过社交媒体广泛宣传读者互动活动，制定推广计划。可以使用插图、短视频等形式进行生动宣传，提高活动知名度。

（3）利用社交媒体特性增强互动效果

结合社交媒体的分享、评论等特性，设计活动内容，鼓励读者在社交媒体上分享他们的阅读心得、活动参与照片等，形成更广泛的社区互动。

（三）实施社交媒体平台运营

1.定期发布有关图书馆活动、阅读推荐等内容

首先，建立定期的内容发布计划。考虑到社交媒体的实时性和短时效性，合理规划图书馆活动、阅读推荐等内容的发布频率，确保信息的及时性。

其次，丰富发布内容的形式，包括文字、图片、视频等。通过多媒体的方式呈现图书馆的活动，提高内容的吸引力和互动性。

考虑到不同社交媒体平台的特点，有针对性地优化发布内容。例如，在图文社交平台上注重图像的质量，而在微博等文字为主的平台上，注重文字内容的表达。

2维护社交媒体账号的活跃度

建立专业的社交媒体运营团队，负责及时回应读者的评论和提问。通过建立有效的互动，增加读者对图书馆的信任感和满意度。

制定互动计划，包括线上问答、有奖活动等，推动在线互动。鼓励读者参与，提出建议和意见，增加读者参与感和忠诚度。

考虑社交媒体平台的特性，如投票、抽奖、话题讨论等，设计具有趣

味性和互动性的活动。提高读者在社交媒体上的停留时间和互动频率。

3. 考虑与读者的在线互动，回应评论、提供服务等

建立专属的社交媒体客服团队，负责回应读者的评论和提供在线服务。保持友好、耐心的态度，解答读者的问题，提升读者对图书馆的满意度。

建立明确的在线服务标准，规范社交媒体上的互动行为。确保团队成员了解并遵守这些标准，提供一致且高质量的在线服务。

通过社交媒体平台，为读者提供图书馆资源的引导。例如，介绍图书馆网站的使用方法、数字资源的获取途径等，增加读者对图书馆服务的了解。

4. 增加读者对社交媒体平台的黏性，加强与读者的连接

（1）开展专题活动，提高关注度

定期开展专题活动，如图书馆日、读者互动月等，提高社交媒体平台的关注度。通过专题活动吸引更多读者参与，增加社交媒体的曝光度。

（2）利用数据分析，优化互动策略

通过社交媒体平台提供的数据分析工具，了解读者的互动习惯和兴趣点，优化互动策略。根据数据分析结果，调整发布时间、内容形式等，提高互动效果。

（3）设计互动话题，引发讨论

设计有趣的互动话题，引发读者之间的讨论。通过社交媒体平台促进读者之间的交流，增加平台的互动性，加强读者与图书馆的连接。

二、社交媒体营销与推广在公共图书馆服务中的应用与实践

（一）制定社交媒体营销策略

1. 确定核心价值与服务特色

首先，在确定核心价值与服务特色时，需要对图书馆的文化、资源以及服务进行深入的分析与了解。这涉及图书馆的历史渊源、文化传统、藏

书特色等方面。通过对这些方面的梳理，图书馆可以明确自身的核心价值，即为社区提供什么样的文化服务、知识资源，以及在用户心目中的独特地位。

其次，在向社交媒体用户传达信息时，应突显图书馆的资源丰富性。这包括了印刷书籍、电子书、期刊、音像资料等多样化的藏品。通过对这些资源的充分挖掘和呈现，可以向用户展示图书馆作为知识中心的地位，强调其为读者提供广泛、深度的学科领域支持的特色。

再次，图书馆在社交媒体传达信息时，应突出其服务的人性化与社区关联。这包括了图书馆员的专业服务、读者活动的丰富性、社区合作项目等。通过展示图书馆在用户服务方面的关怀与关注，可以在社交媒体上构建积极向上的形象，加深用户对图书馆的认同感。

最后，需要在传达信息中突出图书馆的数字化转型和创新服务。这包括了图书馆在数字化资源管理、在线服务、创客空间等方面的努力和成果。通过分享数字化服务的便利性，以及创新服务项目的吸引力，可以在社交媒体上形成对图书馆现代性与活力的认知。

2. 制定目标受众分析

首先，明确目标受众的种类与特征。在进行目标受众分析时，首先需要明确图书馆服务的主要受众群体的种类与特征。这包括了不同年龄段的读者、学生、教育工作者、社区居民等。通过对这些群体的详细分类，可以更加准确地了解他们的需求、兴趣点以及使用社交媒体的习惯。

其次，需要关注不同年龄层次的目标受众，因为不同年龄层次的人群可能对图书馆的服务有不同的期望和需求。比如，对于学龄前儿童，可以注重提供亲子阅读活动；对于青少年，可以设计有趣的学科辅导活动；对于成年读者，可以强化数字化资源服务。通过对年龄层次与服务定位的匹配，可以更好地满足目标受众的实际需求。

再次，需要挖掘目标受众的兴趣点，了解他们在图书馆服务中更关心的主题和活动。通过分析社交媒体上的用户互动、关注点等数据，可以获取目标受众的兴趣标签。针对这些兴趣点，图书馆可以创新服务，推出更具吸引力的活动，提高用户参与度。

最后，要了解目标受众在社交媒体上的使用习惯。这包括了他们常用的社交媒体平台、浏览时间、关注内容等。通过对这些信息的整合，图书馆可以有针对性地选择合适的社交媒体平台，确定最佳的发布时间，以及制定内容策略，提高信息的曝光度和传播效果。

3. 设计巧妙的推广活动

首先可以设立引人注目的线上有奖问答活动。通过选择与图书馆服务、阅读相关的题目，吸引社交媒体用户的参与。这样的活动不仅可以增加用户对图书馆服务的了解，还能通过奖品吸引更多用户积极参与。通过定期组织这样的问答活动，可以形成一种期待感，提高用户对图书馆的关注度。

其次，可以通过制定互动话题，推动用户参与。这可以包括与热门话题、社会热点或文化活动相关的内容。通过设计富有创意和互动性的话题，引发用户的共鸣和参与，从而增加社交媒体上与图书馆相关的讨论。这种方式可以在一定程度上扩大图书馆在社交媒体上的影响力，吸引更多用户关注。

再次，可以结合特定节日或纪念日推出专题活动。通过在社交媒体上发布与节日相关的图书推荐、活动信息等内容，增加用户的参与感。例如，在阅读月份，可以推出与阅读主题相关的线上活动，吸引更多用户参与。这样的专题活动不仅能够紧贴社交媒体用户的兴趣，还能够通过特殊时刻吸引更多眼球。

最后，要持续开展有趣而有深度的互动活动。通过定期推出新颖的活动形式，例如与作家线上对话、图书推荐互动等，保持社交媒体用户的活跃度。这种深度互动可以让用户感受到图书馆是一个充满生机和活力的地方，从而更愿意参与到图书馆的社交媒体社区中。

4. 制定定期更新计划

首先，在制定定期更新社交媒体内容的计划时，需要明确内容更新的频率和时间点。根据社交媒体平台的特性和用户活跃时间，制定一个合理的发布计划。例如，可以选择在用户活跃度较高的时段发布新内容，提高信息曝光度。明确更新的频率，例如每周更新几次，以保持用户的期待感和关注度。

其次，要确保内容的多样性和新颖性。不仅包括有关图书馆服务的信息，还可以加入一些有趣的元素，如书评、名人推荐、阅读趋势分析等。通过保持内容的新颖性，可以吸引更多用户的关注，提高分享和互动的可能性。多样的内容形式也能够迎合不同用户的兴趣，拓展社交媒体上的受众。

再次，要根据用户的反馈和互动情况调整更新计划。通过监测社交媒体上用户的评论、点赞和分享等互动数据，了解用户对不同类型内容的反馈。根据反馈情况，调整内容更新的方向和形式，使更新计划更贴近用户的需求。这有助于建立一个与用户互动更密切的社交媒体平台。

最后，建立内容更新的团队和流程。明确更新的责任人，确保内容的质量和时效性。可以建立一个专门的社交媒体团队，包括内容创作者、设计师和市场专业人员，共同协作完成社交媒体更新计划。建立良好的流程，确保信息发布的高效和协同，从而提高社交媒体更新的效果。

（二）社交媒体平台广告的设计与投放

1. 广告设计符合图书馆形象

（1）深入了解文化内涵

在设计社交媒体广告时，首先应该深入了解图书馆的文化内涵。图书馆作为知识的源泉和文化的传播者，广告设计应反映其学术性、智慧性和开放性。通过精心挑选图书馆的代表性元素，如古老书籍、图书馆内部的环境等，结合艺术设计手法，传递图书馆深厚的文化底蕴。颜色的运用也要考虑到传达知识、深度思考的特性，避免过于浮夸的颜色，以保持广告的专业感和庄重感。

（2）引人入胜的文案

广告内容的文案同样至关重要。精心设计的广告文案应该突出图书馆的核心价值，激发用户对知识的渴望。使用一些引人入胜的标题，如"探索知识的殿堂""开启智慧之旅"等，能够吸引用户的兴趣，让他们愿意点击广告了解更多。

2.制定广告投放定向策略

（1）社交媒体平台选择

在制定广告投放定向策略时，首先需要选择适合图书馆的社交媒体平台。不同平台有着不同的用户群体和特点。要根据图书馆服务的定位和目标受众，选择最合适的平台进行广告投放。

（2）用户定向设置

在社交媒体平台提供的广告投放功能中，精准选择目标受众是关键。通过设定广告投放的地理位置、年龄、兴趣等多个维度，确保广告内容能够准确传达给潜在用户。比如，如果图书馆主要服务于某一地区的居民，可以将广告投放定向到该地区，以提高广告触达目标用户的概率。

3.优化广告投放预算

（1）点击成本与转化成本的综合考虑

在进行广告投放时，需要综合考虑点击成本和转化成本等因素，以优化广告投放预算。点击成本是指每次点击所需的费用，而转化成本是指将点击转化为实际互动或行为所需的费用。通过分析广告的预期效果，调整投放预算，确保在有限的预算内取得最大的广告效益。

（2）定期监测与调整

广告投放后，需要定期监测广告效果，包括点击率、转化率等指标。根据监测结果，进行必要的调整，例如调整投放时间段、调整定向设置等，以优化广告投放预算的使用效果。

（三）社交媒体活动的推广

1. 制定社交媒体活动推广计划

（1）活动亮点分析与定位

在制定社交媒体活动的推广计划时，首先需要深入分析图书馆各项活动的亮点和特色。这可以通过调查用户喜好、往期活动反馈以及同类机构的成功案例等途径进行。针对每项活动，明确其定位，是面向特定读者群体还是全馆读者，以及活动的核心亮点是什么。

（2）目标受众细分与定向推广

根据不同活动的特点，细分目标受众群体。比如，一场面向儿童的读书会与一场面向职场人士的讲座的目标受众是不同的。制定定向推广策略，选择适合该群体的社交媒体平台，设计相关的推广内容。

（3）时间节点合理安排

合理安排活动推广的时间节点也是至关重要的。通过分析不同社交媒体平台用户的活跃时间，选择在用户活跃度较高的时段进行推广，提高推广效果。此外，根据活动的具体情况，灵活调整推广时间，确保用户在最合适的时间获取到活动信息。

2. 设计引人入胜的宣传材料

（1）宣传海报设计

设计引人入胜的宣传海报是提高社交媒体用户对活动关注度的关键。海报的设计应突出活动的核心信息，采用清晰的图片和吸引眼球的标题。同时，可以结合互动元素，如二维码链接、参与口号等，增加用户互动性。

（2）预告片制作与传播

通过制作有趣的预告片，引发用户的好奇心。预告片可以通过社交媒体平台进行传播，采用一些悬念元素，让用户产生参与的欲望。在预告片中展示活动的亮点，吸引更多用户关注。

3.利用社交媒体功能推动活动参与

（1）发布参与活动的方式

通过社交媒体发布参与活动的方式，如签到打卡、话题讨论等。这种方式可以在社交媒体上产生用户互动，形成一定的社区氛围。同时，这些互动也能够在用户间传播活动信息，起到口碑传播的作用。

（2）强化用户与图书馆的连接

社交媒体功能的巧妙运用可以加强用户与图书馆活动的连接。例如，在活动进行中，通过直播、动态更新等方式，让无法到场的用户也能够参与其中。同时，鼓励用户在社交媒体上分享活动体验，进一步扩大活动的影响力。

三、社交媒体舆情管理与读者关系维护的策略与方法

（一）社交媒体舆情监测

1.社交媒体舆情监测工具的选择与使用

（1）舆情监测工具的特点分析

在社交媒体舆情管理中，首要任务是选择适用的监测工具。深入研究不同工具的特点，如舆情分析、情感分析等功能。论述每种工具在识别和分析社交媒体言论方面的优劣，以及如何根据图书馆的实际情况选用最适合的工具。

（2）工具的使用方法

详细研究不同舆情监测工具的使用方法，包括数据收集、分析手段等。深入讨论如何整合这些工具，以建立一个全面而高效的监测系统。强调合理使用监测工具的重要性，确保能够及时准确地了解社交媒体上关于图书馆的言论。

2. 建立响应机制

（1）负面舆情的迅速反应

深入分析在发现负面舆情时，如何迅速做出反应。探讨建立一个敏捷的响应机制，包括明确的责任分工、高效的信息传递等。通过科学合理的反应，及时化解负面言论，减少对图书馆声誉的不良影响。

（2）对正面舆情的加强传播策略

论述如何对正面舆情进行加强传播，以强化公众对图书馆的正面印象。详细分析制定加强传播策略的步骤，包括确定传播渠道、挖掘正面信息的亮点等。通过加强正面信息的传播，提高图书馆在社交媒体上的良好形象。

（二）读者关系维护的策略与方法

1. 建立个性化互动

（1）通过社交媒体平台实现个性化互动

借助社交媒体平台的特性，如个性化推荐系统、定期问候等，详细探讨如何建立个性化互动。分析社交媒体平台如何根据读者的兴趣、借阅历史等信息，提供个性化的服务和互动体验。强调借助技术手段，使图书馆的服务更加贴近读者需求，从而增强读者对图书馆的归属感。

（2）提升个性化服务的效果

讨论如何通过不断优化个性化推荐算法、加强对读者行为数据的分析，提高个性化服务的精准度。强调技术在提升个性化互动中的作用，确保图书馆能够向读者提供更加符合其需求的服务。

2. 回应读者反馈

（1）正面反馈的加强传播

深入研究如何通过社交媒体平台加强正面反馈的传播。分析建立积极反馈的传播渠道，包括制定传播策略、选择适当的平台等。强调通过积极传播正面反馈，提高图书馆在社交媒体上的知名度和形象。

（2）负面反馈的妥善处理

探讨妥善处理负面反馈的策略和方法。详细分析建立危机公关预案，通过及时回应、解释事实真相等方式，化解负面言论。强调危机公关的及时性和科学性，确保负面影响得到最小化。

（3）解决问题的策略

论述如何通过社交媒体平台解决读者的问题。分析建立问题解决机制，包括设立问题反馈通道、提供在线咨询服务等。通过及时解决读者问题，提高读者对图书馆服务的满意度。

3. 建立更加紧密和亲和的关系

（1）借助直播、在线互动等方式拉近距离

探讨如何通过直播、在线互动等方式，拉近图书馆与读者之间的距离。详细分析直播和在线互动的优势，以及如何充分利用这些工具，提供更贴心的服务。强调通过技术手段，增强图书馆与读者之间的亲和力。

（2）亲和力对用户忠诚度的积极影响

深入研究亲和力建立对用户忠诚度的积极影响。通过案例分析和理论探讨，论证建立亲和力对于提高用户忠诚度的关键作用。强调亲和力的建立是图书馆持续吸引用户并保持良好关系的基础。

（三）社交媒体危机公关的处理

1. 制定危机应对预案

（1）明确危机类型

深入研究危机的不同类型，如网络攻击、服务中断、不当言论等，以明确应对策略。讨论每种类型危机的特点和可能引发的影响，为制定有针对性的预案奠定基础。

（2）建立危机指挥团队

探讨如何建立危机指挥团队，明确团队成员的职责和协作机制。详细讨论危机指挥团队的组成，包括公共关系专业人员、法务顾问、技术支持等，确保危机处理全方位、多层次。

（3）预设危机公关措施

深入探讨危机公关措施的预设，包括应对负面舆情的策略、信息公开透明的原则等。讨论如何在危机发生前就建立合理的信息公开机制，以及如何通过社交媒体平台传递信息，防范危机发生和危机升级。

2. 及时回应负面言论

（1）社交媒体平台的利用

深入分析如何充分利用社交媒体平台，通过发布公开信、解释事实真相等方式，及时回应负面言论。论述社交媒体的传播速度和覆盖面，以及如何在第一时间发布信息，平息负面情绪。

（2）建立信息发布渠道

讨论建立信息发布渠道的重要性，包括建设图书馆官方社交媒体账号、设立专门的危机公关页面等。详细阐述如何通过这些渠道传递准确的信息，让公众更好地理解图书馆的立场和处理措施。

3. 发布正面信息

（1）正面信息传播策略

深入研究如何制定正面信息传播策略，以转移舆论关注点。详细论述正面信息的内容和形式，包括展示图书馆的优势、成就等，让公众更全面地了解图书馆的价值。

（2）积极的信息传递

讨论如何通过积极的信息传递，减轻负面影响，维护图书馆的形象。深入分析在危机处理过程中，如何避免信息传递的滞后，以及通过积极的沟通，树立图书馆的正面形象。

第三节 在线学习与网络社群的构建与运营

一、在线学习资源平台建设与优化

（一）在线学习资源平台的特点与需求分析

1.平台特点的深入剖析

首先，在研究公共图书馆在线学习资源平台的特点时，着重深入剖析其开放性。开放性平台如何促进知识的共享与学科的交叉，推动用户跨领域学习。分析平台的信息开放程度、支持多学科资源等方面。

其次，论述平台开放性如何吸引更广泛的用户群体参与学习活动。可以探讨平台的用户界面设计、互动性、社交功能等方面的策略，以提高用户参与度。通过深入分析平台的开放性如何引导用户产生更高的学习兴趣。

2.用户群体的学习需求分析

首先，进行详细的用户群体学习需求分析，包括不同年龄层次用户的需求。探讨儿童、青少年、成年人等群体的学习兴趣、学科偏好等方面的不同需求。强调不同年龄层次用户需求的多样性，对平台内容的策划具有重要指导作用。

其次，细致入微地分析不同学科背景用户的学习需求。可以以科学、文学、技术等不同学科为例，深入挖掘用户对于不同主题、形式的学习资源的需求。为平台后续内容的策划提供具体指导。

3.用户需求对平台建设的指导作用

（1）用户体验设计的关键考量

强调用户需求对于平台建设的指导作用，进一步展开论述用户体验设计的关键考量。包括平台界面友好性、学习路径的设计、个性化推荐等方面的具体做法，以提升用户满意度。

（2）界面友好性的实现策略

深入探讨如何通过理解用户需求，实现平台界面的友好性。可以结合平台的导航设计、信息呈现方式等方面，详细论述如何使用户在平台上更轻松、愉快地获取所需学习资源。

（3）个性化推荐系统的运用

论述个性化推荐系统在平台建设中的应用，通过分析用户的学习历史、偏好等信息，为用户提供更符合其需求的学习资源。通过个性化推荐，加强用户对平台的黏性，提高学习效果。

（二）在线学习资源平台的优化策略

1.定期用户反馈的重要性

（1）用户满意度调查的设计与实施

详细论述定期用户反馈的重要性，其中包括用户满意度调查的设计与实施。强调通过定期的调查，了解用户对平台的整体满意度、具体功能的使用体验等方面的反馈，为平台优化提供直接依据。

（2）问题反馈机制的建立

探讨建立问题反馈机制的必要性，分析用户在学习过程中可能遇到的问题，提供用户便捷的反馈途径。通过建立问题反馈渠道，平台可以更及时地了解并解决用户面临的实际问题。

（3）用户反馈数据的分析与应用

强调用户反馈数据的重要性，具体论述如何通过对反馈数据的细致分析，挖掘用户需求、痛点等信息。通过科学的数据分析，为平台的精细化优化提供科学依据。

2.数据分析在平台结构优化中的作用

（1）发现用户学科偏好与学习习惯

深入研究数据分析在平台结构优化中的作用，其中重点探讨如何通过数据分析发现用户的学科偏好与学习习惯。详细论述利用数据分析工具挖掘用户在平台上的行为数据，为后续内容的个性化推荐和结构优化提供基础。

（2）优化平台导航与推荐算法

论述如何根据数据分析的结果，优化平台的导航结构，提高用户浏览学习资源的效率。同时，探讨如何运用推荐算法，为用户提供更符合其兴趣和学科需求的学习资源。

3.内容优化以提高学习资源质量

（1）引入新颖学科内容

探讨如何通过引入新颖的学科内容，满足用户对多元学科的学习需求。强调平台应根据用户反馈和数据分析，及时更新并引入前沿学科知识，保持学习资源的新颖性。

（2）定期的内容更新机制

详细研究定期的内容更新机制对于平台活力的维护和用户吸引的重要性。强调平台需要根据学科发展、用户需求等因素，定期更新内容，确保平台始终提供具有吸引力和实用性的学习资源。

二、网络社群建设与文化氛围营造

（一）网络社群的构建与特点分析

1.平台选择与社群结构设计

深入分析网络社群的构建过程，包括平台选择、社群结构设计等关键步骤。论述如何根据图书馆的定位和用户群体选择适当的社交媒体平台，并通过精心设计的社群结构，促进用户之间的互动和合作。

2.网络社群的特点

分析网络社群的特点，如开放性、互动性等。强调社群的开放性如何促进知识共享和合作，以及互动性如何增强用户参与感。这为后续的社群运营提供基础，确保社群能够更好地服务于图书馆的宗旨。

（二）文化氛围的培养与传播

1. 积极向上的文化氛围的培养

讨论如何在网络社群中培养积极向上的文化氛围。强调通过设计丰富多彩的内容、激发用户参与的活动等手段，塑造积极、友好、学术氛围，吸引更多读者的加入。

2. 文化氛围对社群运营的影响

分析文化氛围对社群运营的影响。详细讨论积极文化氛围如何促使用户更活跃地参与社群，分享知识和经验。同时，强调文化氛围的塑造需要与图书馆的核心价值相一致，确保社群文化符合图书馆的定位。

(三) 社群运营中的管理与监控

1. 建立有效的社群管理团队

深入研究社群运营中的管理与监控机制。讨论建立有效的社群管理团队的重要性，明确管理团队的职责和工作流程。通过专业的管理团队，确保社群运营的有序进行。

2. 监控工具的应用与社群动态处理

论述监控工具在社群运营中的应用。详细分析如何通过监控社群动态，实时了解用户的需求和反馈，及时处理问题和引导社群方向。通过科学的监控，确保社群稳定、安全、井然有序地运营。

三、在线学习活动与互动交流的组织与推进

（一）在线学习活动的策划与组织

1. 确定活动主题

在策划在线学习活动时，首要任务是科学合理地确定活动主题。这一

步骤的详细探讨包括考虑用户需求、关注热点话题、挖掘潜在兴趣等因素。通过深入分析，使活动主题更具吸引力，从而提高用户的参与度。

首先，通过调查问卷、用户反馈等方式，深入了解目标用户的学习需求。讨论如何根据不同用户群体的需求，确定能够引起广泛兴趣的活动主题。

其次，分析社会、行业的热点话题，以确定能够吸引目标用户的热门活动主题。讨论如何把握时事动态，使活动更贴近用户关注的焦点。

最后，探讨如何通过市场调研、用户行为分析等手段，挖掘用户的潜在兴趣。详细研究在不同领域中寻找具有吸引力的、未被充分开发的主题，为活动的成功举办提供有力支持。

2. 邀请讲师

成功的在线学习活动离不开优秀的讲师。在这一节中，论述如何选择合适的讲师，包括专业领域、知名度等多个因素，以确保在线学习活动具有专业性和吸引力。

首先，深入研究如何根据活动主题的不同，选择具有相关专业背景的讲师。讨论如何确保讲师的专业知识与活动主题紧密匹配，提高学员学习的实效性。

其次，论述在选择讲师时如何综合考虑其知名度。分析知名讲师对活动吸引力的贡献，探讨与知名讲师合作的方式，以增强活动的知名度和影响力。

最后，详细研究与讲师的合作策略，包括沟通方式、合同条款等。讨论如何建立良好的合作关系，确保讲师能够充分发挥在活动中的作用，为学员提供高质量的学习体验。

3. 制定互动方案

强调互动是在线学习活动成功的关键因素。在这一节中，深入研究如何制定互动方案，包括在线讨论、提问环节等，以促进学员之间的互动和交流。

首先，论述在线讨论在互动交流中的作用。详细研究如何通过技术手段设计在线讨论环节，促进学员之间的深入交流，提高学习效果。

其次，深入研究提问环节的优化策略。包括如何设计引导性问题、鼓励学员提问，以及如何及时、有效地回应学员的问题，提高活动的实用性和互动性。

通过以上分层的讨论，帮助公共图书馆更好地策划和组织在线学习活动，提高平台的活跃度。

（二）互动交流的技术支持与优化

1. 在线讨论的设计与推进

（1）在线讨论在互动交流中的作用

在线讨论作为一种互动交流方式，在在线学习活动中扮演着重要的角色。详细论述在线讨论如何促进学员之间的深入交流，营造良好的学习氛围，以及如何通过技术手段设计在线讨论环节，提高学习效果。

（2）在线讨论的设计策略

深入研究如何设计引人入胜的在线讨论。包括确定讨论主题、设定明确的讨论目标，以及选择合适的讨论形式，以激发学员积极参与。

（3）技术手段的运用

讨论各种技术手段在在线讨论中的运用，如论坛平台、实时聊天工具等。详细探讨这些技术手段如何促进讨论的活跃度，提高参与度，以及如何解决技术可能带来的问题。

2. 互动问答的优化

（1）互动问答的重要性

强调互动问答在学习活动中的关键作用。详细研究互动问答如何激发学员的学习兴趣，促进知识的深入理解，以及如何通过技术手段优化互动问答环节。

（2）问题设计与鼓励参与

论述如何设计引人注目的问题，鼓励学员参与互动问答。深入研究问题的难易度、涉及的知识点等因素，以确保互动问答既具有挑战性又不失学习的可及性。

（3）及时回应与解答

讨论如何通过技术手段实现及时回应学员提问，解答疑惑。详细探讨建立高效的问答平台、指定专门的答疑时间等方法，以提高互动问答的实用性和互动性。

通过深入研究和优化互动交流的技术支持，可提升在线学习活动的质量和学员的学习体验。

（三）用户反馈与活动改进

1. 用户反馈与活动改进

首先，用户反馈是在线学习活动中的重要环节，对于了解学员体验、发现问题、改进活动至关重要。详细论述用户反馈在提高活动质量、满足学员需求方面的关键性。

其次，探讨建立有效的用户反馈机制，包括问卷调查、在线意见收集等方式。深入研究各种反馈方式的优缺点，以及如何选择合适的方式来获取全面、真实的用户反馈信息。

最后，讨论如何对收集到的反馈信息进行分析和整合。强调建立专门的反馈分析团队，借助数据分析工具，深入挖掘用户反馈中的潜在问题，为活动改进提供有力支持。

2. 活动改进的实施

首先，强调建立用户反馈的周期性和连续性。通过定期的用户满意度调查、活动评估等手段，确保能够全面、持续地收集用户的意见和建议。

其次，详细研究如何提出改进建议，并进行优先级排序。通过综合考虑用户反馈的紧急性、重要性，确定改进计划，确保有限资源得以最优利用。

再次，探讨改进计划的具体实施过程。从组织内部协调、技术支持、培训等方面详细研究，以确保改进计划的高效执行。

最后，强调活动改进后的效果评估。通过再次进行用户满意度调查等方式，检验改进计划的有效性，为未来的活动提供经验教训。

第八章 数字化公共图书馆服务的创新实践

第一节　数字图书馆资源建设与管理

一、数字资源的采集与整合策略与技术支持

（一）数字资源采集与整合的战略规划

1. 战略规划的必要性

在数字图书馆建设中，制定数字资源采集与整合战略的首要步骤是明确战略规划的目标。这包括确定数字图书馆的整体发展方向、服务定位以及数字资源的覆盖范围。

首先，明确战略目标可以帮助数字图书馆更好地理解自身的定位和使命，为未来的数字资源采集与整合工作提供明确的方向。这也有助于数字图书馆建立长远的发展愿景，确保资源采集与整合的战略与图书馆整体发展目标相一致。

其次，制定数字资源采集与整合战略需要明确战略的范围和重点领域。在数字资源众多、种类繁多的情况下，有必要通过系统的规划来确定数字图书馆的收藏范围和核心领域。通过明确收藏的主题、学科范围、文献类型等，数字图书馆可以更有针对性地采集和整合数字资源，提高资源利用

效率。此外，通过设定重点领域，数字图书馆能够更加深入地开展专题性的数字资源整合工作，提升在特定领域的学术影响力。

最后，制定数字资源采集与整合战略的必要性体现在建立科学的时间表和实施计划上。这包括在一定时间内实现的目标、里程碑以及资源采集与整合的具体步骤和计划。通过建立科学的时间表，数字图书馆可以更好地掌握工作进度，合理分配资源，确保战略的顺利实施。同时，实施计划的科学性也体现在对外部环境和内部资源的充分考虑上，包括数字资源供应商的合作、技术支持的准备等。

在制订时间表和实施计划时，数字图书馆需要综合考虑数字资源的更新速度、技术发展的趋势以及用户需求的变化等因素，以便更灵活地调整战略规划。此外，与其他相关部门的合作与沟通也是确保计划成功实施的关键因素，例如与学科馆、出版社等建立合作关系，共同推进数字资源的采集与整合工作。

2. 用户需求与数字资源的匹配

首先，深入研究用户需求是数字图书馆成功采集与整合数字资源的基石。这包括对用户群体的特征、学科背景、使用习惯等方面的详细调查和分析。通过用户调研、问卷调查、数据分析等手段，数字图书馆可以获取更全面的用户需求信息。这有助于建立准确的用户画像，理解不同用户群体的需求差异，为数字资源的采集与整合提供有针对性的指导。

其次，根据深入研究的用户需求，数字图书馆需要确保数字资源的多样性与针对性。多样性意味着数字图书馆应当涵盖不同学科领域、文献类型、媒体形式等方面的资源，以满足不同用户群体的需求。通过整合来自各个领域的资源，数字图书馆可以打破学科壁垒，提供更为综合和丰富的信息。同时，针对性则要求数字资源与用户需求紧密匹配，不仅包括内容的相关性，还包括语言、地域、文化等方面的考虑，确保用户能够更轻松地获取所需信息。

最后，数字图书馆需要通过一系列策略来提高用户满意度。第一，建立用户反馈机制，鼓励用户提供对数字资源的评价和建议。通过收集用户反馈，数字图书馆可以及时调整数字资源的采集与整合策略，提高资源的质量和符合度。第二，开展用户培训与教育活动，帮助用户更好地利用数字资源，提高其满意度。数字图书馆还可以通过定期组织用户研讨会、调研活动等，了解用户的实际需求和使用体验，从而进一步优化数字资源的采集与整合。

总体而言，深入研究用户需求，确保数字资源的多样性和针对性，并通过用户反馈和培训策略提高用户满意度，是数字图书馆采集与整合数字资源的关键环节。这需要数字图书馆在策略制定和实施过程中充分考虑用户的多元化需求，通过不断的改进和创新，提供更为优质、个性化的服务，进而促使数字资源更好地服务于用户的学术研究和学习需求。

3. 战略的灵活性与调整机制

首先，数字图书馆在制定数字资源采集整合战略时，必须强调战略的灵活性。在信息环境不断变化的背景下，刚性的战略可能无法应对迅速变化的用户需求和技术进步。灵活性体现在对新兴技术和资源的敏感性，以及对战略目标的动态调整。数字图书馆应当建立机制，及时感知外部环境的变化，充分利用新的技术手段，确保战略的及时性和有效性。

其次，数字图书馆需要建立有效的调整机制，以适应信息环境的变化。这包括建立定期的战略评估和反馈机制，以监测数字资源的使用情况、用户反馈和行业趋势。定期的评估可以帮助数字图书馆及时发现战略执行中的问题和不足，以便做出及时的调整。此外，数字图书馆还应建立战略调整的决策流程，确保在变化发生时，能够迅速做出灵活的战略调整，保持数字资源采集整合工作的敏捷性。

最后，数字图书馆在强调灵活性和调整机制的同时，需要保持数字资源的及时性和有效性。这意味着战略的调整不应牺牲资源的质量和对用户需求的满足。数字图书馆在调整战略时，应当保持对核心目标和服务质量的坚持，确保用户始终能够获得高质量的数字资源。同时，调整后的战略应当更加精准地满足用户的需求，以提高用户满意度。

（二）技术支持在数字资源采集与整合中的应用

1. 先进技术的选择与整合

首先，人工智能（AI）作为一项先进技术，在数字资源采集整合中发挥着至关重要的作用。AI 能够通过深度学习和机器学习等技术，对大规模数据进行分析和理解，从而实现对数字资源的智能化处理。通过自动化的文本分析、图像识别等功能，数字图书馆能够更高效地处理和整合大量文献、图书和多媒体资源，为用户提供更准确、丰富的信息服务。

其次，自然语言处理（NLP）技术是数字资源采集整合中另一项关键技术。NLP 可以帮助数字图书馆更好地处理和理解人类语言，实现对文本资源的深层次分析。通过 NLP，数字图书馆可以建立更精准的语义索引，提高资源的检索精度。此外，NLP 还能用于自动化的文本摘要生成、主题提取等，使数字资源的处理更为智能化和高效化。

再次，数字资源采集整合并非只依赖于单一技术，而是需要多种先进技术的协同作用。例如，将 AI 与 NLP 相结合，可以实现更全面的数字资源分析和整合。AI 可以通过深度学习识别图像，而 NLP 则可以分析文本内容，二者协同工作可提供更为全面和多维度的数字资源服务。数字图书馆在整合先进技术时，应考虑各技术之间的协同效应，以充分发挥它们的优势，提高数字资源的处理水平和服务质量。

最后，尽管先进技术在数字资源采集整合中取得了显著的成果，但仍面临一些挑战。例如，对多语言、多媒体等复杂数据的处理，以及对隐含信息的深层次挖掘仍然具有一定难度。然而，随着技术的不断进步，这些挑战也将逐渐得以解决。未来，先进技术的发展将进一步提升数字资源的自动化处理水平，为数字图书馆提供更强大、高效的资源管理工具，从而更好地满足用户的学术研究和信息需求。

通过深入研究和整合人工智能、自然语言处理等先进技术，数字图书馆可以在数字资源采集整合中实现更高水平的自动化处理，为用户提供更丰富、准确的数字资源服务。这不仅促进了学术研究的发展，也提升了数字图书馆在知识传播中的重要性。

2.数字资源标准与互操作性

首先，深入讨论数字资源标准的制定和遵循对数字图书馆的重要性。数字资源标准定义了数字资源的组织、描述、存储和传递方式，使不同系统和平台能够理解和协同处理数字资源。采用标准可以提高数字资源的可访问性、可维护性和可持续性。标准化的元数据格式、编码规范等有助于数字资源的一致性管理，为用户提供更统一、高效的检索和使用体验。

其次，互操作性是数字资源管理中的关键概念。讨论如何通过建立互操作性来实现不同系统之间数字资源的高效共享。互操作性要求系统能够相互理解和协同工作，使得数字资源能够在不同平台和系统之间无缝流通。采用开放标准、API（应用程序接口）等技术手段，数字图书馆可以实现与其他系统的互联互通，使得数字资源能够跨系统、跨平台被高效共享，促进了数字资源的广泛传播和利用。

再次，强调建立数字资源的一体化管理体系。数字资源的一体化管理意味着将不同来源、格式、类型的数字资源有机地整合在一起，形成一个统一的管理系统。通过制定和遵循数字资源标准，数字图书馆可以实现对多样化数字资源的一体化管理。这包括对元数据的统一描述、对数字资源的一致存储和索引，以及对数字资源的全面监控和维护。一体化管理不仅提高了数字资源的管理效率，还为用户提供了更为全面和一致的信息服务。

最后，讨论数字资源标准和互操作性在数字图书馆未来的发展方向。未来数字资源标准将更加注重与国际标准的融合，以实现全球数字资源的更便捷共享。互操作性方面，随着新兴技术的不断涌现，如区块链、语义网等，数字图书馆将面临更多的选择和挑战。数字图书馆需要不断更新技术架构，保持对新兴技术的敏感性，以确保数字资源标准和互操作性不仅满足当前需求，也能适应未来数字图书馆发展的新要求。

3. 技术团队的建设与培养

首先，强调建设技术团队的战略规划。战略规划是技术团队建设的基石，涵盖团队的目标、愿景、发展方向等方面。数字图书馆需要明确技术团队在数字资源管理中的角色和职责，确保其与图书馆整体战略的一致性。战略规划还应考虑技术发展的趋势，以便为团队成员提供长期的职业发展路径，从而增强团队的凝聚力和稳定性。

其次，详细探讨吸引高水平技术人才的策略。数字图书馆需要提供具有吸引力的工作环境和福利待遇，以吸引优秀的技术人才。这可能包括提供灵活的工作时间、创新的项目发展机会、培训和职业发展支持等。建立与高校、科研机构的紧密合作关系，推动技术团队参与学术研究和创新项目，也是吸引高水平技术人才的有效途径。

再次，重点研究技术团队的培养与发展。数字图书馆应该建立系统的培训计划，确保团队成员能够不断提升自己的技术水平。培训计划可以涵盖技术领域的最新发展、项目管理、沟通技巧等多个方面。同时，数字图书馆还应该鼓励技术团队参加行业会议、培训课程等外部活动，拓宽视野，与同行进行交流与合作。

最后，团队的绩效管理和激励机制是技术团队建设的关键环节。数字图书馆应该建立科学、公正的绩效考核体系，根据团队成员的贡献和表现进行评价。激励机制可以包括薪酬激励、晋升机会、专业认证支持等。通过公平的激励机制，数字图书馆可以激发技术团队的积极性，促进团队成员的个人和团队整体的发展。

二、数字资源存储与管理平台的建设与维护

（一）存储与管理平台的构建

1.平台架构的设计与选择

首先，数字资源存储与管理平台的成功构建离不开明确的平台架构设计。战略设计要确保平台的可扩展性、可靠性和安全性。数字图书馆需要考虑未来的发展需求，选择适用于长期发展的平台架构。这包括确定平台的核心模块、组件和相互关系，以及选择适用于数字资源管理的技术框架，如开源平台和商业平台等。

其次，详细分析分布式存储技术在平台构建中的应用。分布式存储通过在多个节点上存储数据，提高了系统的可靠性和性能。数字资源管理平台可以采用分布式存储系统，将数字资源分散存储在不同的节点上，防止单点故障，提高了存储系统的可用性。分布式存储还能够支持大规模数据的高效管理和检索，适应数字图书馆庞大的资源数量和用户访问需求。

再次，研究云存储技术在平台构建中的整合。云存储提供了灵活的存储解决方案，数字图书馆可以选择将数字资源存储在云平台上。这种模式下，数字图书馆可以根据实际需求灵活调整存储空间，避免了传统存储系统中固定的硬件投入。云存储还具有高度的可扩展性和安全性，能够应对数字资源管理平台在用户访问高峰期和持续增长时的需求。

最后，平台架构的选择需要是一个综合考虑的过程。数字图书馆应该根据自身需求、资源规模和技术能力，权衡各种平台架构和存储技术的优劣势，以达到平台的高效运行和数字资源管理的最佳效果。此外，平台架构应具备一定的演进性，能够适应数字环境和技术的不断发展。

通过进行平台架构的战略设计，充分应用分布式存储和云存储技术，保持平台的综合性和可演进性，数字图书馆可以构建出稳健、高效、安全

的数字资源存储与管理平台，为用户提供更好的服务体验。这有助于数字图书馆更好地应对日益增长的数字资源挑战，促进学术研究和知识传播。

2. 数据安全与备份策略

首先，我们需要深入研究存储平台中的数据安全问题。数字资源管理平台作为数字图书馆的核心组成部分，涉及大量的敏感信息和知识产权。因此，确保数据的安全性是至关重要的。这包括对数据的保密性、完整性和可用性的全面考虑。在存储平台中，数字图书馆应该采用先进的加密技术，确保数据在传输和存储过程中的安全性。此外，建立健全的身份验证和访问控制机制，防范未经授权的访问。

其次，建立完备的数据备份策略对于数字资源的安全性和可靠性至关重要。数据备份是数字图书馆应对各种数据丢失情况的有效手段。第一，应该明确定期内对数字资源进行定期备份。这包括对元数据、文本、多媒体等不同类型的数字资源进行备份，确保数据的全面性。第二，备份数据应该存储在不同的地理位置，以应对自然灾害或人为破坏导致的数据中心故障。第三，数字图书馆需要建立定期的备份恢复演练，确保在真正发生数据丢失情况时，能够迅速有效地恢复数据。

再次，数字图书馆应该采用多层次的安全防护措施，保障数字资源的安全性和可靠性。这包括建立入侵检测系统（IDS）和入侵防御系统（IPS），实时监测并阻止潜在的网络攻击。在存储层面，采用冗余技术，提高存储系统的容错性。此外，数字图书馆还应该建立安全审计机制，定期对存储平台的安全性进行评估，及时发现并修复潜在的安全漏洞。

最后，建立应急响应机制，对于数字资源的安全性至关重要。数字图书馆应该制定应急预案，明确在数据丢失、网络攻击等紧急情况下的响应流程。建立专门的安全团队，负责紧急事件的处理和危机公关。此外，数字图书馆还可以与其他机构建立信息共享机制，及时获取网络安全威胁情报，提高对潜在风险的感知能力。

3.平台可扩展性与性能优化

第一，我们必须强调数字资源管理平台的可扩展性。随着数字资源的快速增长，平台必须能够有效应对未来的需求。在平台的初始设计中，就应该考虑到资源的持续扩展，包括硬件资源、存储容量以及系统架构的可扩展性。采用分布式系统架构，将各个模块进行合理拆分，使得每个子系统都可以独立扩展，从而提高整体的可扩展性。同时，平台应该采用开放式的接口和标准，方便未来的集成和扩展，确保数字图书馆能够灵活适应不断变化的数字资源环境。

第二，我们需要深入探讨如何在平台建设中考虑未来数字资源的增长。这包括对不同类型、不同规模的数字资源进行合理的分类和存储规划。引入元数据标准和知识图谱等先进技术，以提高对数字资源的有效管理和组织能力。平台的数据库设计应该具备足够的灵活性，能够容纳新类型、新格式的数字资源，确保平台能够随着时间推移而不断适应新兴的数字内容。

第三，性能优化对于提高数字资源管理平台的检索速度和响应效率至关重要。首先，采用高效的检索引擎和搜索算法，通过对数据进行合理的索引和分区，提高检索效率。其次，利用缓存技术，对常用的数据进行缓存，减少数据库的访问压力，从而提高响应速度。此外，采用负载均衡和分布式计算技术，合理分配系统资源，防止单点故障，确保平台的稳定性和可用性。定期进行性能测试和优化，及时发现并解决潜在的性能问题，保障数字图书馆用户在使用平台时的顺畅体验。

第四，平台的可持续发展需要在整个生命周期中持续关注。定期进行容量规划，预估未来的数字资源增长趋势，确保平台有足够的扩展空间。同时，与硬件和软件供应商建立紧密的合作关系，及时获取最新的技术和产品支持。建立完善的监控和反馈机制，对平台的运行状态进行实时监测，及时发现并解决潜在问题。通过持续的技术研发和创新，使得平台在面对未来数字资源管理的挑战时能够保持领先地位。

（二）平台的维护与更新

1. 定期维护与监测机制

首先，我们必须认识到建立定期维护机制对于数字资源管理平台的可靠运行至关重要。定期维护不仅可以预防潜在问题的发生，还能及时修复已经存在的问题，确保平台在长期运行中稳定性和可靠性。

其次，我们需要详细研究如何通过监测工具实时发现问题。引入先进的监测系统，包括但不限于性能监测、日志监控、异常检测等工具，对数字资源管理平台的各个关键指标进行全面监控。通过监测工具，可以实时获取平台的运行状态、性能状况和资源利用率等信息。一旦发现异常，监测系统能够立即发出警报，通知相关人员介入处理。

再次，采取预防性措施是确保平台可用性的重要步骤。通过对监测数据的分析，可以预测到一些潜在的问题，并采取相应的预防性措施。例如，定期进行数据库的索引优化、清理无效数据，以防止数据库性能下降。另外，及时更新系统和应用程序，修复已知的漏洞，提高平台的安全性。通过这些预防性措施，可以降低系统故障的风险，提高平台的可用性和稳定性。

最后，建立定期维护与监测机制需要全面考虑。不仅要监测硬件设施的运行状态，还需要关注系统软件、数据库、网络等各个方面。制定详细的维护计划，包括定期巡检、备份恢复测试、系统更新等内容，确保平台的各个环节都得到充分的关注和维护。建立专门的维护团队，负责定期的系统巡检和问题排查，确保问题能够及时发现和解决。定期进行系统备份，以防止数据丢失，保障数字资源的完整性。

在整个过程中，要注重监测工具的选择和使用，确保其对平台各个方面的监测都能够做到全面和及时。同时，建立清晰的预警机制和问题处理流程，以提高故障处理的效率和平台的可用性。

2. 平台更新与技术跟进

首先，我们必须深刻认识到在数字资源管理领域，平台更新的紧迫性。

随着科技的不断进步和数字化信息的快速增长，数字资源管理平台必须与时俱进，及时应用新技术、更新系统，以适应环境的变化，提高服务水平。

其次，及时应用新技术是确保数字资源管理平台持续创新的关键。引入新技术，例如人工智能、机器学习、区块链等，可以提高数字资源的处理效率、优化用户体验，并在信息检索、知识管理等方面取得更好的效果。平台应保持对新技术的敏感性，建立定期的技术调研机制，确保第一时间了解新技术的发展趋势，为平台的更新提供技术支持。

再次，平台更新需要制定明确的策略与规划。在技术跟进的基础上，平台更新应该有长远的规划，明确更新的目标、内容和时间表。这包括评估现有系统的强弱项，确定需要改进的方向，同时充分考虑用户需求和行业标准。通过系统的规划，可以确保平台更新不是简单的技术替换，而是对整个系统进行有序升级，使其更好地适应数字资源管理领域的发展。

最后，平台更新过程中建立反馈机制与用户培训同样至关重要。通过与用户的紧密合作，收集他们的反馈意见，了解他们对新功能和更新的期望。及时调整平台更新的方向，确保更新符合用户需求。同时，开展系统的用户培训，引导用户更好地利用新功能，提高他们的数字素养，确保新技术的应用能够充分发挥效果。

三、数字资源可持续发展与开放共享机制的构建

（一）数字资源可持续发展的战略规划

1.数字资源更新与丰富

（1）数字资源可持续发展的战略规划

数字资源的可持续发展是数字图书馆保持活力和吸引力的关键。需要明确数字资源的战略规划，其中包括更新与丰富的重要性。数字资源的更新是为了及时反映学科领域的最新进展，确保用户获取到最新的信息；而

资源的丰富则意味着数字图书馆应该不断扩充其资源库，以覆盖更广泛的主题领域，满足多样化的用户需求。

在制定更新与丰富战略时，需要考虑用户的学科需求、兴趣点以及数字图书馆的定位。例如，可以通过用户调查、数据分析等手段了解用户的研究方向，以此为基础优先更新相关领域的数字资源。同时，根据不同用户群体的兴趣点，有针对性地丰富数字资源的主题，确保资源的多样性。

（2）更新战略的实施

在制定了更新战略后，关键在于其实施。首先，数字图书馆需要建立一个敏感的信息搜集机制，定期关注学术期刊、研究机构、出版社等发布的新文献、研究成果，确保能第一时间获取到新信息。其次，通过与相关机构、学术界的合作，获取一手的研究资源，例如合作开展数字化项目、共建开放获取资源库等。

值得注意的是，在实施更新战略时，数字图书馆还需关注资源的质量。不仅要确保资源的新颖性，还应确保其学术水平和可靠性，这需要建立一套科学的评估机制。

（3）丰富战略的制定

丰富战略的制定涉及数字图书馆整体资源库的规划。首先，可以通过用户调研明确用户的需求，包括学科需求、多媒体需求等，以此为基础规划资源的丰富方向。其次，可以借助先进的信息技术手段，例如数据挖掘、人工智能等，分析用户的检索习惯和兴趣点，精准推荐相关资源。最后，数字图书馆还可以通过与其他图书馆、机构的合作，获取外部资源，实现资源的共享与丰富。

（4）评估与调整

更新与丰富战略的实施过程中，需要建立一套科学的评估与调整机制。通过用户反馈、数据分析等手段，不断评估数字资源的使用情况，了解用户的满意度和需求变化，以此为依据调整战略。同时，定期进行数字资源库的评估，剔除过时或质量不佳的资源，确保资源库的健康发展。

2. 合作与共建机制

（1）建立与其他机构的战略合作

数字图书馆在拓展数字资源的广度和深度时，首先应该考虑与其他机构建立战略合作。这包括与其他图书馆、研究机构、学术出版社等建立合作关系。其次，通过建立合作框架协议，可以实现资源的共享与互补，共同搭建数字资源的大平台。

合作的方式可以包括联合数字化项目、共建数字资源库、共同主办学术活动等。例如，与大学图书馆建立数字化项目合作，将双方各自的数字资源纳入统一平台，提高资源的整合度；与学术出版社合作，获取其最新的学术期刊和专著，为用户提供高质量的学术资源。

（2）推动资源共建与共享

在建立战略合作的基础上，数字图书馆可以推动资源的共建与共享。可以建立资源共建的机制，即通过与其他机构共同出资、共同开发数字资源。例如，与相关研究机构合作，共同建设某一学科领域的数字资源库，提高该领域的资源深度。

资源共享则包括对已有数字资源的共享。数字图书馆可以与其他机构签署资源共享协议，共同使用各自的数字资源，实现资源的互通。这有助于解决资源孤岛问题，提高数字资源的利用效率。

（3）技术支持的整合

数字资源的合作与共建需要依托先进的信息技术。因此，数字图书馆需要整合先进的技术支持。这包括统一的资源管理系统、共建平台的数据互通技术、数字资源的检索与推荐算法等。通过技术的整合，可以实现数字资源的无缝连接和互通，提高用户的检索效率和使用体验。

（4）建立长期稳定的合作机制

为确保合作与共建的稳定性，数字图书馆需要建立长期的合作机制。

这包括定期的合作评估与调整，确保双方合作的顺利进行。同时，可以建立双方专人负责合作事务，加强沟通与协调。

3.可持续融资与资源筹措

（1）建立多元化的融资途径

数字图书馆要实现可持续发展，首先需要建立多元化的融资途径。这包括政府拨款、企业赞助、捐赠和合作伙伴关系等。在政府拨款方面，数字图书馆可以积极争取文化、教育等相关领域的资助，作为数字资源建设的基础支持。其次，积极寻求企业的赞助，特别是那些与数字资源内容相关的企业，通过企业社会责任项目实现资源共享。

（2）制定可持续的用户收费模式

数字图书馆可以考虑制定可持续的用户收费模式，通过提供高级会员服务、专业数据库访问等途径获取收费。这需要数字图书馆在提供免费基础服务的同时，为有需求的用户提供更加丰富深度的服务，并据此设立不同层次的会员收费标准。通过这种方式，数字图书馆可以更好地满足用户个性化需求，并获取一定的经济收益。

（3）积极争取项目资助与基金支持

数字图书馆可以积极争取相关项目资助与基金支持。这包括参与国家、地方相关项目，争取项目经费支持。此外，数字图书馆还可以寻求与相关基金会建立合作关系，通过向基金申请专项资助，以支持数字资源的建设与运营。这需要数字图书馆密切关注各类资助机会，主动参与申请。

（4）推动数字资源商业化运作

数字图书馆可以通过推动数字资源的商业化运作，实现自给自足。这包括将数字资源的一部分内容进行商业化运作，推出相关的付费服务或者商品。例如，数字图书馆可以推出高品质的数字出版物，出售给用户或者合作伙伴，获取一定的商业收益。商业化运作需要数字图书馆在保护知识产权的前提下，积极寻找商业化的机会，确保商业化运作不影响数字资源的公共性质。

（二）开放共享机制的构建

1.开放获取政策的制定

第一，开放获取政策的必要性。在当今数字化时代，公共图书馆作为知识传播的中心，其所承载的数字资源具有巨大的潜力。制定开放获取政策是必要的，首先是为了满足社会对信息的需求。随着互联网的普及，信息获取的途径变得更为多样，公共图书馆需要通过开放获取政策来保障公众对全面、高质量信息的获取。其次，开放获取政策有助于促进学术研究的深入发展。通过共享数字资源，学者们可以更轻松地获取到最新的研究成果，促使学术界形成更为紧密的合作网络。最后，开放获取政策也为新兴领域的研究提供了更广泛的平台，推动科学知识的创新与发展。

第二，开放获取政策的深入研究。制定开放获取政策需要深入研究相关的法规与标准。首先，需要明确数字资源的分类与管理体系，以确保开放获取政策的实施不会导致混乱或滥用。其次，需要考虑知识产权保护的问题，以保障作者的权益，同时鼓励更多学者参与到开放获取的共享机制中。最后，还需建立合理的评估机制，以确保共享的数字资源具有一定的学术质量与价值。

第三，通过开放获取政策推动数字资源的开放共享。开放获取政策的制定并非简单地将所有数字资源全部开放，而是要通过科学的手段来进行筛选与管理。首先，可以采用开放获取仅适用于非商业性目的的原则，以确保数字资源的合理利用。其次，通过建立数字资源的元数据标准，使得这些资源更容易被搜索引擎索引，提高其可见性。最后，可以通过建立数字资源的持续更新机制，确保公众获得的信息始终保持最新、最准确。

第四，开放获取政策的最终目标。制定开放获取政策的最终目标是促进学术研究与知识传播。通过开放获取政策，公共图书馆可以更好地履行其作为知识传播中心的角色，推动社会向着信息共享与学术合作的方向发展。这不仅有助于提高公众的科学素养，还能够推动社会的整体创新与进步。

2. 数字资源版权管理与许可

第一，数字资源版权管理的重要性。数字资源版权管理在数字化时代具有至关重要的作用。首先，它是保护知识产权的关键机制，确保知识创作者能够合法享有其作品的利益。其次，数字资源版权管理有助于维护数字资源的质量与可信度，从而促进学术研究和信息传播的可持续发展。面对数字资源大规模传播的挑战，建立有效的数字资源版权管理体系成为当务之急。

第二，建立合理的数字资源版权许可机制。首先，首要任务是明晰数字资源的版权归属与使用权限。通过建立详细的版权登记与管理系统，确保数字资源的创作者能够清晰地表明其权益，同时使用户了解何种情况下可以合法使用这些资源。这涉及对各种数字资源形式（文本、图片、音频、视频等）的不同管理方式，包括维护不同层次的权限，如阅读、下载、修改、传播等。其次，数字水印技术是一种在数字资源中嵌入不可见标记的方法，可用于追踪资源的来源与使用。通过数字水印技术，数字资源的版权信息可以在资源传播过程中得到有效保护。这为版权持有者提供了一种非侵入性但高效的管理手段，确保数字资源在开放共享的同时，其合法性不受损害。最后，智能合同技术基于区块链等技术，可以建立去中心化的、不可篡改的版权许可机制。通过智能合同，数字资源的使用权限可以实时自动执行，减轻版权管理的人力负担，提高版权许可的透明度和可信度。这种机制既为创作者提供了更多的控制权，同时也简化了用户获取授权的流程。

第三，保护知识产权的同时实现数字资源的合法开放。首先，数字资源版权管理并非意味着封闭与保守，相反，它应当促进数字资源的开放共享。公共图书馆等机构可以通过与版权持有者、数字平台以及相关利益方的合作，推动数字资源的开放获取。这种合作模式有助于建立一个更加健康、可持续的数字资源生态系统，使得各方能够在知识创造与传播中共赢。其次，公平使用政策是数字资源版权管理中的一项关键原则。通过合理制定和执行公平使用政策，可以在保护知识产权的同时确保社会的合理利益。明确公平使用的范围，同时为学术研究、新闻报道、教育等特定领域提供一定的使用自由，有助于平衡版权保护与公众利益之间的关系。最后，建立有效的数字资源版权监管体系对于实现数字资源的合法开放至关重要。这包括建立举报机制、加强监测与执法力度等手段，以防止盗版、侵权等违法行为。与此同时，为了确保版权利益的合法行使，需要建立一套完善的纠纷解决机制，以保障各方权益的平衡与公正。

第二节　数字图书馆的用户体验与服务设计

一、用户体验设计理念与方法在数字图书馆中的应用

（一）用户体验设计理念的重要性

用户体验设计在数字图书馆中被认为是至关重要的。首先，它关注用户在使用数字图书馆时的感受与满意度，通过深入了解用户需求、行为和期望，为用户提供更加直观、友好的界面和服务。其次，用户体验设计通过提高用户的满意度，促使用户更加积极地利用数字图书馆的资源，从而提升数字图书馆的整体效能。

1. 理念的贯彻

（1）以用户为中心，深入了解用户需求

在数字图书馆的用户体验设计中，将用户置于设计的核心位置是至关重要的。首先，通过用户调研、访谈和观察等方法，深入了解用户的需求

和期望。借助用户旅程地图，设计师可以跟踪用户在整个使用过程中的感受、期望和痛点，从而全面了解用户体验中的关键节点。其次，采用人物角色扮演，设计师可以模拟不同类型用户的行为和需求，更好地理解不同用户群体的差异性需求。这一深入的用户研究过程有助于建立全面的用户画像，为后续设计提供有针对性的指导。

（2）注重创新，引入新技术和设计理念

用户体验设计不仅要关注用户需求，还需要注重创新。首先，引入新技术是创新的关键一步。例如，采用虚拟现实（VR）、增强现实（AR）等技术，为用户提供更沉浸式的图书馆体验。其次，结合最新的设计理念，如无感知设计、情感设计等，为用户创造更富有表现力和个性化的体验。在数字图书馆中，可以通过设计直观的界面、智能推荐系统等方式，提升用户的信息检索效率和满意度。这种创新思维要求设计师不断关注科技和设计领域的最新动态，灵活运用创新元素，推动用户体验的不断升级。

（3）采用用户旅程地图和人物角色扮演方法

为了更深入地挖掘用户需求，数字图书馆的用户体验设计可以采用用户旅程地图和人物角色扮演的方法。首先，通过用户旅程地图，设计师可以详细描述用户在整个使用流程中的每一个步骤和情境，了解用户在不同阶段的期望和体验。其次，通过人物角色扮演，设计师可以模拟不同用户的行为和需求，理解不同用户群体的心理和行为特点。这两种方法相互补充，为设计师提供了更全面、具体的用户需求信息，确保设计更加贴近用户的实际使用场景。

（4）确保设计符合用户期望

在用户体验设计的最终阶段，设计师应确保设计方案符合用户期望。首先，通过用户测试和反馈收集阶段，及时了解用户对设计的评价和建议。其次，根据收集到的反馈，不断优化和调整设计，确保用户的真实需求得到满足。最后，引入迭代设计的理念，持续关注用户体验的变化和发展趋势，随时进行调整和改进。这种持续的关注和反馈机制可以保持数字图书馆的用户体验始终处于符合用户期望的状态。

2.方法的应用

（1）用户调研方法的应用

在数字图书馆中，用户调研是用户体验设计的关键一环。首先，通过定性和定量的研究方法，深入了解用户的信息需求、使用习惯、偏好等方面的特征。这可以通过用户访谈、问卷调查、观察法等手段进行。定性研究可帮助理解用户的感受和期望，而定量研究则提供更广泛的数据支持。通过用户调研，数字图书馆可以更准确地把握用户需求，为后续的设计提供有力支持。

（2）用户测试方法的应用

用户测试是在数字图书馆用户体验设计过程中不可或缺的方法。其首要目的是发现潜在的问题并及时进行调整。首先，通过在真实或模拟环境中观察用户的行为，设计师可以发现用户在使用过程中遇到的问题、困惑和不满。其次，通过用户反馈和意见收集，收集用户在测试中的体验感受和建议。这一过程不仅能够发现设计中存在的问题，还能帮助设计团队更好地理解用户的期望。通过多次的用户测试，数字图书馆的设计可以逐步完善，确保最终产品的用户体验质量。

（3）原型设计方法的应用

原型设计是在数字图书馆用户体验设计过程中常用的方法之一。首先，通过快速原型迭代，设计师可以在设计前期尽早发现问题。通过制作低保真和高保真原型，设计团队可以模拟用户使用界面的实际情境，观察用户的反应。其次，通过原型演示，设计团队能够更好地与用户进行沟通，收集用户的反馈和建议。这一过程有助于在设计的早期阶段就发现和解决问题，提高最终产品的用户满意度。

（4）方法综合应用与迭代优化

综合应用用户调研、用户测试和原型设计等方法，并采用迭代优化的理念，是数字图书馆用户体验设计的最终目标。首先，通过用户调研了解用户需求，然后通过原型设计构建初始框架，接着通过用户测试发现问题并进行调整。在这个循环过程中，不断优化设计，确保用户需求得到最大限度的满足。通过综合运用这些方法，数字图书馆的用户体验设计可以更全面、系统地提升，为用户提供更贴近实际需求的服务。

通过以上的方法应用，数字图书馆可以更加全面地了解用户需求，及时发现并解决潜在问题，最终提供更符合用户期望的用户体验。这样的方法综合应用模式不仅提高了数字图书馆服务的质量，也为用户体验设计领域的研究提供了实践经验。

二、个性化服务与定制化体验的实现与优化

（一）个性化服务的实现

个性化服务是数字图书馆提升用户体验的关键。

1. 用户画像的建立

首先，实现个性化服务的基础是通过用户画像的建立深入理解用户。在数字图书馆中，可以通过多种途径收集用户数据，包括用户的阅读历史、检索记录、借阅偏好等。通过借助数据分析技术，对这些信息进行处理和分析，形成用户画像。这一过程不仅需要关注用户的行为数据，还需要考虑用户的背景信息，如学科领域、研究方向等，以实现对用户兴趣的更深层次理解。

其次，建立个性化推荐模型是用户画像的核心组成部分。通过机器学习算法，可以将用户画像与图书馆的资源进行关联，识别用户的兴趣点和潜在需求。这需要综合考虑不同类型的用户行为数据，如点击、浏览、收

藏等，以提高模型的准确性。采用协同过滤、内容过滤等推荐算法，使得系统能够向用户推荐符合其个性化需求的图书、论文等资源。

在建立用户画像的过程中，隐私保护是不可忽视的问题。数字图书馆需要制定明确的隐私政策，确保用户数据的合法收集和处理。采用数据脱敏、加密等技术手段，保障用户敏感信息的安全性。用户画像的建立应遵循合规的法律法规，保护用户的隐私权，以增强用户对个性化服务的信任感。

2. 推荐系统的应用

推荐系统是实现个性化服务的关键工具。首先，需要选择适合数字图书馆的推荐算法。协同过滤、基于内容的推荐、深度学习等算法都可以应用于数字图书馆的推荐系统。选择合适的算法取决于图书馆的具体情况和用户数据的特点。

其次，推荐系统的优化是实现个性化服务的重要环节。通过不断调整和优化推荐算法，可以提高系统的准确性和用户满意度。定期进行推荐模型的更新，引入新的数据特征和算法，以适应用户兴趣的变化。优化推荐系统还需要考虑推荐结果的多样性，避免陷入"信息茧房"，确保用户获取更广泛的知识和资源。

最后，推荐系统的优化需要结合用户的反馈。通过用户的点击、点赞、收藏等行为数据，系统可以不断学习用户的喜好和偏好。用户反馈可以作为推荐算法的关键输入，帮助系统更好地理解用户的个性化需求。在用户反馈的基础上进行系统的迭代，不断提升个性化服务的质量和效果。

（二）定制化体验的优化

定制化体验强调用户在数字图书馆中的感知和参与程度。

1. 提供个性化用户界面

首先，为优化定制化体验，数字图书馆可以通过提供个性化用户界面，增强用户的感知和参与程度。界面风格和排版是用户在图书馆中与系统互动的第一印象。通过允许用户根据个人喜好调整界面风格和排版，数字图书馆可以提供更符合用户审美和操作习惯的界面。这可以通过设置主题颜色、字体大小、页面布局等方式实现，使用户能够根据自身偏好进行个性化定制。

其次，数字图书馆可以通过引入智能化设计理念，提高个性化用户界面的智能程度。借助人工智能技术，系统可以学习用户的偏好和行为，自动调整界面元素，使得用户在使用图书馆系统时更加得心应手。智能化用户体验设计还可以根据用户的历史数据，提前预测用户可能的行为和需求，从而提供更智能、个性化的界面服务。

最后，定制化体验的优化还须关注用户的可访问性和导航体验。数字图书馆应确保用户界面的可访问性，以便不同能力和需求的用户都能够方便地使用系统。在设计界面时，应注重直观的导航设计，提供简单明了的操作路径，确保用户可以快速找到所需的资源和服务。通过这些优化，数字图书馆可以增加用户对系统的满意度，提高用户在图书馆中的参与度。

2. 提供不同用户群体的专属服务

首先，数字图书馆可以通过深入的用户群体划分和需求分析，为不同用户提供专属服务。了解不同用户群体的特点、需求和习惯，数字图书馆可以有针对性地开展服务。这可以通过用户调研、行为分析等手段实现，建立精准的用户画像，为后续的服务定制提供数据支持。

其次，根据用户群体的特征，数字图书馆可以提供个性化的服务内容。例如，为研究生提供专业化的学术资源推荐，为大众读者提供热门小说和文学作品推荐。通过个性化服务内容的提供，数字图书馆可以更好地满足不同用户群体的特殊需求，增强用户对图书馆的黏性。

最后，数字图书馆还可以通过社区建设促进用户的参与。建立用户群体专属的学术社交平台，鼓励用户分享经验、资源和研究成果，提高用户群体之间的互动和交流。通过社区建设，数字图书馆可以进一步加强与用户的联系，深化用户参与体验，提高用户的忠诚度。

三、用户参与与反馈机制的建立与运用

（一）用户参与的重要性

用户参与是数字图书馆提升服务质量的重要途径。

首先，通过用户参与，可以更好地了解用户需求，优化数字图书馆的服务内容和形式。

其次，用户参与还能够提高用户对数字图书馆的认同感，增强用户与图书馆之间的互动性，建立用户忠诚度。

（二）建立有效的用户反馈机制

建立有效的用户反馈机制是用户参与的重要手段。

首先，数字图书馆可以通过在线调查、焦点小组等方式主动搜集用户反馈，了解用户的期望和建议。

其次，数字图书馆还可以建立用户投诉与建议处理机制，及时回应用户反馈，积极改进服务。通过这样的机制，数字图书馆能够更灵活地适应用户需求的变化，不断提高服务水平。

（三）运用用户参与与反馈优化服务

用户参与与反馈所得到的信息应当成为数字图书馆服务优化的关键依据。

首先，可以通过用户建议进行系统升级，改进用户体验。

其次，用户参与的活动可以作为数字图书馆推出新服务或活动的灵感来源。通过及时运用用户的参与和反馈，数字图书馆可以更加贴近用户需求，为用户提供更为优质的服务体验。

第三节 数字图书馆电子资源访问与知识共享

一、电子资源访问技术与策略的优化与升级

（一）电子资源访问技术的演进

电子资源访问技术的优化与升级对数字图书馆至关重要。

1. 高效检索引擎的演进

高效检索引擎是数字图书馆电子资源访问的核心技术之一。首先，在过去，基于关键词的检索方式已经逐渐演变为更为智能的语义检索系统。通过自然语言处理和机器学习技术，系统能够更好地理解用户的检索意图，提高检索准确性。其次，引入图数据库、知识图谱等技术，使得检索结果能够更好地呈现资源之间的关联性，为用户提供更为全面的信息。

2. 智能推荐系统的发展

智能推荐系统在电子资源访问中扮演越来越重要的角色。首先，推荐算法的不断优化，从最初的基于协同过滤的方法，发展到基于深度学习的个性化推荐模型。这使得系统能够更好地理解用户的阅读习惯和兴趣，为用户提供更精准的推荐服务。其次，引入多源数据的融合，包括用户历史数据、社交媒体数据等，使得推荐系统更全面地考虑用户的多方面兴趣，提高推荐的准确性和多样性。

3.CDN 等技术在资源传输中的应用

CDN（内容分发网络）等技术在电子资源访问中的应用对提升用户体验至关重要。首先，通过在全球部署分布式服务器，CDN 能够提高资源的就近访问性，减少传输时延，提升用户的访问速度。其次，结合边缘计算技术，CDN 还能够在本地缓存热门资源，减轻中心服务器的负担，降低整

体访问延迟。这为数字图书馆实现高效的全球化资源分发提供了技术保障。

（二）策略的不断创新

1. 电子资源访问策略的优化与创新

（1）用户群体化的访问策略

用户群体化的访问策略是数字图书馆在电子资源访问中实现个性化服务的关键。首先，可以通过用户画像的建立，对用户进行分类，了解不同用户群体的特点和需求。其次，根据不同用户群体的特征，制定相应的访问策略，提供个性化的服务。例如，对于学生用户，可以设置专门的学术资源入口，而对于研究人员，可以提供更深度的检索和下载权限。

（2）弹性的访问控制策略的灵活应用

弹性的访问控制策略是为了更好地适应电子资源多样性而制定的。首先，针对不同资源的特性，可以制定差异化的访问权限。例如，对于受版权保护的资源，可以设置更严格的访问权限，确保合法使用。其次，通过引入动态访问控制机制，系统能够根据用户的实时行为和特征，实时调整访问权限，提升用户体验。弹性的访问控制策略使得数字图书馆能够更灵活地满足不同用户、不同资源的需求。

2. 电子资源访问策略的创新与发展

（1）利用先进技术创新访问策略

电子资源访问策略的创新需要借助先进技术。首先，可以利用人工智能技术，对用户行为数据进行分析，预测用户的兴趣和需求，为用户提供更精准的推荐服务。其次，通过区块链技术，构建透明、不可篡改的访问日志，加强对用户行为的监管，确保访问的安全性。技术的创新为访问策略的不断优化提供了强大的支持。

（2）实现跨平台的访问策略整合

随着数字图书馆服务的多样化和用户在不同平台上的需求，实现跨平台的访问策略整合是创新的重要方向。首先，可以通过单一登录系统，实现用户在不同平台上的统一身份认证，简化用户的访问流程。其次，建立跨平台的数据交换机制，使得用户在一个平台上的行为数据能够影响其他平台上的访问策略，实现信息的共享和传递。跨平台的访问策略整合为用户提供了更一致、更流畅的访问体验。

（3）开展用户行为分析与调研

用户行为分析与调研是创新访问策略的重要手段。首先，通过对用户行为数据的深入分析，了解用户在使用电子资源时的偏好和行为习惯。其次，定期进行用户调研，获取用户的反馈和建议，以便及时调整访问策略。通过不断深化对用户的了解，数字图书馆可以更加精细地制定访问策略，提高用户的满意度和忠诚度。

二、知识共享平台与学术交流平台的建设与管理

（一）知识共享平台的构建

知识共享平台是数字图书馆推动学术研究与知识传播的重要途径。

1. 建设开放获取平台

开放获取平台是数字图书馆推动学术研究与知识传播的核心。

首先，可以通过建设更为开放的数字图书馆网站，提供更广泛的知识资源。这包括文献、论文、学术期刊等多样性的学术内容，以满足用户对不同领域的需求。通过采用开放获取的模式，数字图书馆能够促使更多学术资源成为公共财富，加速知识的传播。

其次，建设开放获取平台需要注重技术支持。利用先进的检索引擎和元数据管理系统，确保用户能够方便、高效地检索到所需的开放获取资源。同时，采用用户友好的界面设计，提高用户体验，使用户能够更轻松地获取并利用开放获取平台上的学术资源。

2. 建设协作平台

协作平台是知识共享的重要环节，能够促进学者之间的合作与交流。首先，建设在线协作工具，如协同编辑系统、在线讨论平台等，方便学者共同撰写论文、分享研究进展。其次，采用虚拟会议和在线研讨会等形式，促进学者跨地域、跨学科的交流与合作。

通过社交媒体等手段，数字图书馆还可以打造学术社群，构建学者间的紧密联系网络。这些社群可以是基于特定主题的专业社群，也可以是面向广大学术界的综合性社交平台。通过在社交媒体上进行讨论、分享，学者们能够更直接地参与到知识的共享和交流中，推动知识在学术圈内的广泛传播。

3. 利用社交媒体等手段，打造学术社群

社交媒体在知识共享平台的构建中扮演着重要角色。首先，通过在主流社交媒体平台上建设数字图书馆的官方账号，实时更新学术研究动态、推荐资源，吸引更多用户参与知识共享。其次，建立专业社交媒体平台，如学术博客、在线论坛等，提供学者们一个开放、自由的交流空间。

社交媒体的力量在于其广泛的覆盖面和即时性，数字图书馆通过这些平台能够更直接地与用户互动，了解用户需求，促进用户参与。在构建学术社群的过程中，数字图书馆需要积极参与，回应用户的问题和建议，形成一个积极、互动的社区氛围。

（二）学术交流平台的管理

学术交流平台的有效管理是知识共享的保障。

1. 建立论坛、博客等平台，提供学者交流的场所

第一，提供合适的学术交流场所。

学术交流平台的管理首先要从提供合适的场所入手。学者需要一个自由交流的空间，这就需要建立多样化的学术交流平台，其中包括论坛、博客等。首先，论坛的建立可以按照专题和领域进行划分，以方便学者们集

中讨论特定的研究方向。这有助于建立更为精细和专业的学术交流社区，使学者能够更深入地探讨自己感兴趣的主题。其次，博客平台的建设可以为学者提供一个展示个人研究成果、分享学术心得的空间。通过博客，学者可以更加深入地介绍自己的研究方向、理念和方法，促进学术成果的传播。

第二，论坛和博客平台的设计与管理。

在学术交流平台的建设中，论坛和博客平台的设计与管理是至关重要的。首先，需要考虑用户友好性，设计易用的界面，确保学者能够方便地发布、评论和讨论学术问题。界面设计应该简洁清晰，功能模块布局合理，以提高用户体验。其次，需要建立健全的管理机制，包括论坛板块的分类和管理、博客内容的审核和更新等。管理团队要及时回应用户的需求和反馈，确保学术交流平台的良好运行。

第三，促进跨学科和国际性交流。

为了更好地推动学术交流平台的发展，还需要注重促进跨学科和国际性的学术交流。首先，可以设立跨学科的板块或专题，鼓励学者们跨足不同领域，探讨交叉学科研究。其次，可以引入多语言支持和翻译服务，为国际学者提供更友好的环境，促进全球范围内的学术交流。这有助于打破学科壁垒，促使更广泛的学术合作，推动全球学术研究的发展。

第四，建立有效的社群互动机制。

学术交流平台的管理还需要建立有效的社群互动机制，以增强学者们的交流体验。首先，可以引入社交媒体元素，如点赞、分享、关注等功能，激发学者参与交流的积极性。其次，可以组织线上和线下的学术活动，如网络研讨会、学术沙龙等，加强学者之间的实质性交流。最后，建立个人主页和学术成果展示功能，让学者能够更全面地展示自己的学术背景和研究成果。

2.利用人工智能技术，推动学术资源的智能化整合与推荐

第一，理解学者兴趣与行为数据。

为了促进学者之间的深度交流，学术交流平台的管理需要深入理解学者的兴趣和行为数据。首先，建立全面的学者信息数据库，包括研究方向、发表论文、参与项目等方面的信息。其次，通过学者在平台上的行为数据，如搜索记录、浏览历史、参与讨论等，深入挖掘学者的兴趣点和关注领域。这一步是实现智能化整合和推荐的前提，通过全面了解学者的背景和行为，系统能更准确地为其提供个性化的学术资源推荐。

第二，引入自然语言处理与机器学习技术。

通过引入自然语言处理与机器学习技术，学术交流平台可以更好地实现学术资源的智能化整合与推荐。首先，利用自然语言处理技术，对论文、博客等学术资源进行文本分析，提取关键词、主题等信息。其次，通过机器学习算法，建立学者兴趣模型，预测学者可能感兴趣的领域和主题。这种技术结合能够实现对大量学术资源的自动归类和个性化推荐，为学者提供更符合其兴趣和需求的内容。

第三，建立个性化推荐系统。

基于学者兴趣和行为数据的深入理解，学术交流平台需要建立高效的个性化推荐系统。首先，通过算法分析，将学者划分为不同的兴趣群体，为每个群体定制相应的推荐策略。其次，采用协同过滤、内容推荐等算法，根据学者过往的行为和兴趣模型，为其推荐相关领域的研究成果、热门话题。这一系统可以使学者更容易发现与其研究方向相关且有价值的学术资源，促进深度交流和合作。

第四，持续优化与反馈机制。

学术交流平台的智能化整合与推荐系统并非一成不变，而是需要持续优化和改进。首先，建立用户反馈机制，通过学者的评价和意见，及时了解推荐系统的优势和不足。其次，借助机器学习技术，对用户反馈数据进行分析，不断优化推荐算法，提高系统的准确性和个性化程度。这一循环的不断迭代，可以使学术资源的智能整合与推荐系统逐渐趋于完善，更好地满足学者的需求。

3.管理方面,建立专业团队负责平台的运营与维护

第一,建立专业团队。为确保学术交流平台的高效运作,管理方面的首要任务是建立一个专业团队,负责平台的运营与维护。首先,组建系统管理员团队,负责平台的技术运营与维护,包括服务器管理、系统更新、BUG 修复等。其次,配置内容编辑团队,成员应具备丰富的学科背景,能够理解学者的需求,及时更新平台内容。这个团队需要密切关注学术领域的动态,确保平台信息的及时性和准确性。团队成员还应当具备协同合作的能力,以确保平台各项工作的协调顺畅。

第二,建立内容审核机制。为确保平台上的信息符合学术规范,提高学术质量,必须建立完善的内容审核机制。首先,明确内容审核的标准,包括学术严谨性、合法性等。其次,制定详细的审核流程,明确审核人员的职责和审核步骤。内容审核人员应当具备相应的学科知识和专业背景,以确保对学术内容的判别力和准确性。此外,引入人工智能技术,通过机器学习算法进行自动审核,提高审核的效率和准确性。审核机制还应当与用户反馈机制结合,及时纠正不符合规范的信息,提升学术资源的质量。

第三,定期培训和更新团队技能。管理团队的专业性需要通过定期培训和更新来保持。首先,定期组织学科知识培训,使团队成员能够了解学术领域的最新动态和研究进展。其次,引入新技术培训,确保团队对最新的技术工具和平台更新有充分的了解和掌握。通过不断的培训和更新,团队成员可以更好地适应学术领域的发展和平台运营的变化,保持高水平的专业素养。

第四,建立紧密的用户反馈机制。为了更好地适应学者的需求和反馈,建立紧密的用户反馈机制是不可或缺的。首先,设置用户反馈通道,包括在线表单、邮件、社交媒体等多种方式,方便学者随时提出意见和建议。其次,设立专门的反馈团队,及时回应用户的问题和需求,确保用户反馈得到及时

处理。用户反馈机制还可以与内容审核机制结合，通过用户反馈发现不符合规范的信息，并及时纠正。通过建立紧密的用户反馈机制，平台可以更加灵活地调整运营策略，提升用户体验，使平台更符合学者的实际需求。

三、数字资源知识产权保护与合规管理机制的建立与完善

（一）知识产权保护的技术手段

数字资源知识产权的保护是数字图书馆运作的基础。

1. 数字资源知识产权保护的技术手段

（1）采用数字水印、版权加密等技术手段

数字水印和版权加密是保护数字资源知识产权的重要技术手段。

首先，采用数字水印技术，可以在数字资源中嵌入不可见的标识信息，以确认数字资源的来源和归属。这种技术不仅可以帮助数字图书馆对资源进行溯源，也能在数字资源被非法传播时起到防范盗版的作用。

其次，通过版权加密技术，数字图书馆可以对数字资源进行加密处理，只有在合法的授权条件下才能进行解密和使用，有效防止非法拷贝和传播。

（2）建立权限管理系统，确保用户仅在合法访问范围内使用资源

建立权限管理系统是另一个关键的技术手段。

首先，通过访问控制列表（ACL）等技术，对数字资源进行权限划分，确保只有合法授权的用户才能访问和使用资源。

其次，采用数字签名技术，对数字资源进行签名验证，确保资源的完整性和真实性。这种技术手段不仅可以对资源的使用进行有效管控，还能防范数字资源在传播过程中被篡改。权限管理系统的建立是数字图书馆保护知识产权的有效手段之一。

2. 技术手段的不断升级是保护知识产权的必由之路

技术手段在知识产权保护中的作用日益凸显，而技术的不断升级也是

保护知识产权的必由之路。

（1）持续监测和更新数字水印技术

数字水印技术的不断更新和升级是保护知识产权的重要手段之一。首先，数字图书馆需要定期监测新兴的数字水印技术，了解其在数字资源保护中的应用效果。其次，及时更新数字资源中的水印信息，采用更为先进的数字水印算法，提高水印的鲁棒性和安全性。通过持续监测和更新数字水印技术，数字图书馆可以更好地抵御不断变化的盗版和破解威胁。

（2）不断优化权限管理系统

权限管理系统的不断优化也是保护知识产权的重要方向。首先，数字图书馆需要根据用户的反馈和需求，不断优化权限管理系统的界面和操作体验，提高用户对权限管理的接受度。其次，应用先进的身份验证技术，如生物识别、多因素认证等，提升权限管理的安全性。通过不断优化权限管理系统，数字图书馆能够更精细地管理数字资源的使用权限，确保资源在合法访问范围内得到有效利用。

（3）关注国际技术标准和法规的变化

数字图书馆还需要关注国际技术标准和法规的变化，及时调整保护策略。首先，参与国际技术标准的制定与更新，确保数字资源保护的技术手段符合国际标准，有助于降低技术的不确定性。其次，密切关注国际知识产权法律的发展，及时调整数字资源的保护策略，以确保在全球范围内有效维护知识产权。

（二）合规的管理机制的建立

合规的管理机制是数字图书馆履行法律责任、维护合法权益的重要手段。

1.合规的管理机制的建立

（1）建立详细的数字资源合规政策

数字资源合规政策的建立是数字图书馆履行法律责任的第一步。首先，制定明确的使用规范，明确数字资源的使用边界和规则。这包括用户权限、下载限制、分享规定等。其次，明确数字资源的版权归属和使用许可，确保数字图书馆在使用数字资源时符合法律法规和版权协议的规定。制定合规政策需要考虑到不同类型的数字资源，以及不同用户群体的需求，确保政策既具体明确又灵活适用。

（2）建立数字资源审计制度

数字资源审计制度是保障数字资源合规使用的重要机制。首先，建立审计流程，包括对数字资源的访问记录、下载记录、分享记录等的审查。其次，利用技术手段，如日志管理系统、访问监控系统等，对数字资源的使用情况进行实时监测和记录。通过数字资源审计制度，数字图书馆能够随时追溯数字资源的使用历史，发现潜在的合规风险。最后，建立定期的内部审计和外部审计机制，通过独立的第三方机构对数字资源合规性进行评估，确保数字图书馆的合规管理机制得到客观的验证。

2.合规管理团队的建立

数字图书馆在履行法律责任的过程中，建立专业的合规管理团队是至关重要的。以下是一系列关键步骤，确保数字图书馆能够有效地处理合规事务，维护数字资源的合法权益。

首先，组建专业的合规管理团队。

建立一个专业的合规管理团队是数字图书馆履行法律责任的首要任务。首先，确定团队的组织结构，明确各成员的职责和权责。成员应当具备广泛的法律法规和数字资源管理方面的专业知识，包括版权法、数字著作权法等相关法规。其次，招聘具有相关经验和专业背景的人员，确保团队的多元性和全面性。这有助于团队更好地理解和应对不同领域的法规和管理挑战。

其次，制定合规管理的工作流程和标准操作规程。

为确保合规管理的一致性和规范性，数字图书馆需要制定明确的工作流程和标准操作规程。建立合规管理的工作流程，明确合规事务的处理步骤、责任人和时间节点。标准操作规程应当包括合规审查、风险评估、合规培训等方面的详细规定，以确保团队在合规管理中能够遵循一致的标准，提高管理效率和合规水平。

再次，合规管理团队负责监督和协调数字图书馆内各部门对合规政策的执行。

合规管理团队的职责不仅仅是处理合规事务，更包括监督和协调数字图书馆内各部门对合规政策的执行。第一，建立定期的合规检查机制，对各部门的合规执行情况进行审核和评估。第二，制定合规培训计划，确保全体员工都具备合规意识和知识。第三，合规管理团队还应当与各部门建立紧密的沟通渠道，随时解答合规问题，协助解决合规困扰。

最后，建立与法务部门、版权机构等的紧密合作关系。

合规管理团队需要与法务部门、版权机构等建立紧密的合作关系，以获取法律咨询和合规培训。第一，与法务部门建立定期沟通机制，确保团队能够及时了解法律法规的最新动态，避免因法律变化而导致的合规风险。第二，与版权机构建立合作关系，协助数字图书馆获取合法的数字资源许可，降低版权纠纷的发生概率。这种合作关系也有助于数字图书馆更好地了解版权法的执行和监督机制，规避潜在的合规风险。

通过以上建立专业团队、制定明确工作流程、监督合规政策执行、与法务部门和版权机构合作等手段，数字图书馆能够更好地建立和运作合规管理机制，履行法律责任，确保数字资源的合法权益得到有效维护。这一管理机制不仅有助于数字图书馆适应法律法规的变化，也为数字图书馆在数字时代的可持续发展提供了坚实的法律保障。

参 考 文 献

[1] 黄国凡，肖铮．图书馆新媒体服务的实践与思考———以厦门大学图书馆为例 [J]．情报资料工作，2014(6):85–88.

[2] 王敏，徐健．视频弹幕与字幕的情感分析与比较研究 [J]．图书情报知识，2019(5):109–119.

[3] 赵宇翔，张轩慧．基于层次分析法的弹幕视频网站信息构建评价 [J]．情报资料工作，2017(3):42–51.

［4］曾一昕，张齐婕．公共图书馆短视频公众平台建设现状分析［J］．图书馆学研究，2020(4):13–18.

［5］隋鑫，颜雨钦．我国省级公共图书馆短视频服务运营探析———基于抖音 App 的数据分析［J］．图书馆学研究，2021(1):65–71.

［6］孙雨，陈凤娟．公共图书馆"抖音"短视频服务现状及发展策略研究［J］．图书馆工作与研究，2021(1):85–94.

［7］周浩．共青团中央在哔哩哔哩网站的主流价值观传播策略研究［D］．保定：河北大学，2019:1–2.

［8］牛国强．短视频 APP 在图书馆阅读推广中的应用前景探析［J］．图书馆工作与研究，2021(4):115–123.

[9] 臧国全，李哲，金燕．社区图书馆：居民的认知与支持意愿 [J] 图书

馆理论与实践，2019(02):100–106.

[10] 王佳 . 数字图书馆的服务模式建设研究 [J] 电子世界，2019(10):17–18.

[11] 刘敏 . 数字化时代图书馆服务方式的探究 [J] 赤峰学院学报 (自然科学版)，2020，36(07):79–81.

[12] 王蕾，谢小燕 . 科学治理：广东流动图书馆治理体系建设研究 [J] 图书馆论坛，2020，40(11):30–40.

[13] 刘阳 .5G 环境下公共图书馆创新服务研究 [J] 河南图书馆学刊，2020，40(11):33–35.

[14] 王琳，钟永文，杨雪晶 . 基于英国 Bookstart 案例研究的婴幼儿阅读推广策略 [J]. 图书馆学研究，2013(4):6 9 –72.

[15] 陈力勤，白帅敏 . 图书馆婴幼儿服务志愿者队伍建设研究 [J]. 图书馆建设，2015(11):38–41.

[16] 招建平 . 国内公共图书馆开展婴幼儿服务的难点及对策研究 [J]. 图书馆工作与研究，2018(3):117–121.

[17] 沙振江，化慧，刘桂锋 . 我国早期阅读推广研究进展与展望 [J]. 图书馆论坛，2015(1):43–47.

[18] 王巧丽 . 我国公共图书馆婴幼儿服务研究 [D]. 上海 : 华东师范大学，2017:5–6.

[19] 江小燕，高波 . 基于德尔菲法的我国公共图书馆 0–3 岁婴幼儿阅读服务研究 [J]. 图书情报工作，2015(12)47–52.

[20] 招建平 . 国内公共图书馆开展婴幼儿服务的难点及对策研究 [J]. 图书馆工作与研究，2018(3):116–121.

[21] 黄耀东 . 美国公共图书馆的婴幼儿早期阅读推广 : 对 Bornto Read 项目的考察 [J]. 图书馆论坛，2018(1):92–99.

[22] 江小燕，高波 . 基于德尔菲法的我国公共图书馆 0—3 岁婴幼儿阅读服务研究 [J]. 图书情报工作，2015(24):47–52.

[23] 田丽，高文静 . 总分馆服务模式下的儿童阅读推广实践研究 : 以大连少儿馆为例 [J]. 图书情报工作，2017(4):69–75.

[24] 杜希林，刘芳 . 关于"十四五"时期公共图书馆智慧服务若干问题的思考 [J]. 图书馆工作与研究，2021(9):20–29.

[25] 彭松林 ."十四五"期间省级图书馆转型发展的宏观环境与目标任务分析 [J]. 图书馆，2021(8):1–9.

[26] 黄百川 . 公共图书馆"十四五"战略规划编制研究 : 以佛山市图书馆为例 [J]. 图书馆杂志，2021(6):76–81.

[27] 蔡思明，孙绍伟 ."十四五"规划背景下公共图书馆阅读空间发展策略研究 [J]. 图书馆建设，2021(3):101–112.

[28] 屠淑敏 ."十四五"时期我国公共图书馆发展环境分析和战略思考 [J]. 国家图书馆学刊，2021(2):3–12.

[29] 黄佩芳 . 公共图书馆"十四五"战略规划编制分析 : 趋势、重点与建议 [J]. 图书馆研究与工作，2021(4):13–18.

[30] 周旖 ."十四五"时期广东公共文化服务体系建设的重点问题探讨 [J]. 图书馆论坛，2021(2):23–31.

[31] 曾宪付 . 社会时空观视角的公共图书馆"十四五"规划与发展 [J]. 图书与情报，2020(6):93–97.

[32] 李国新 ."十四五"时期公共图书馆高质量发展思考 [J]. 图书馆论坛，2021(1):12–17.

[33] 陈亦伟 ."十四五"规划下的公共图书馆转型和高质量发展思考 [J]. 新世纪图书馆，2020(11):17–21.